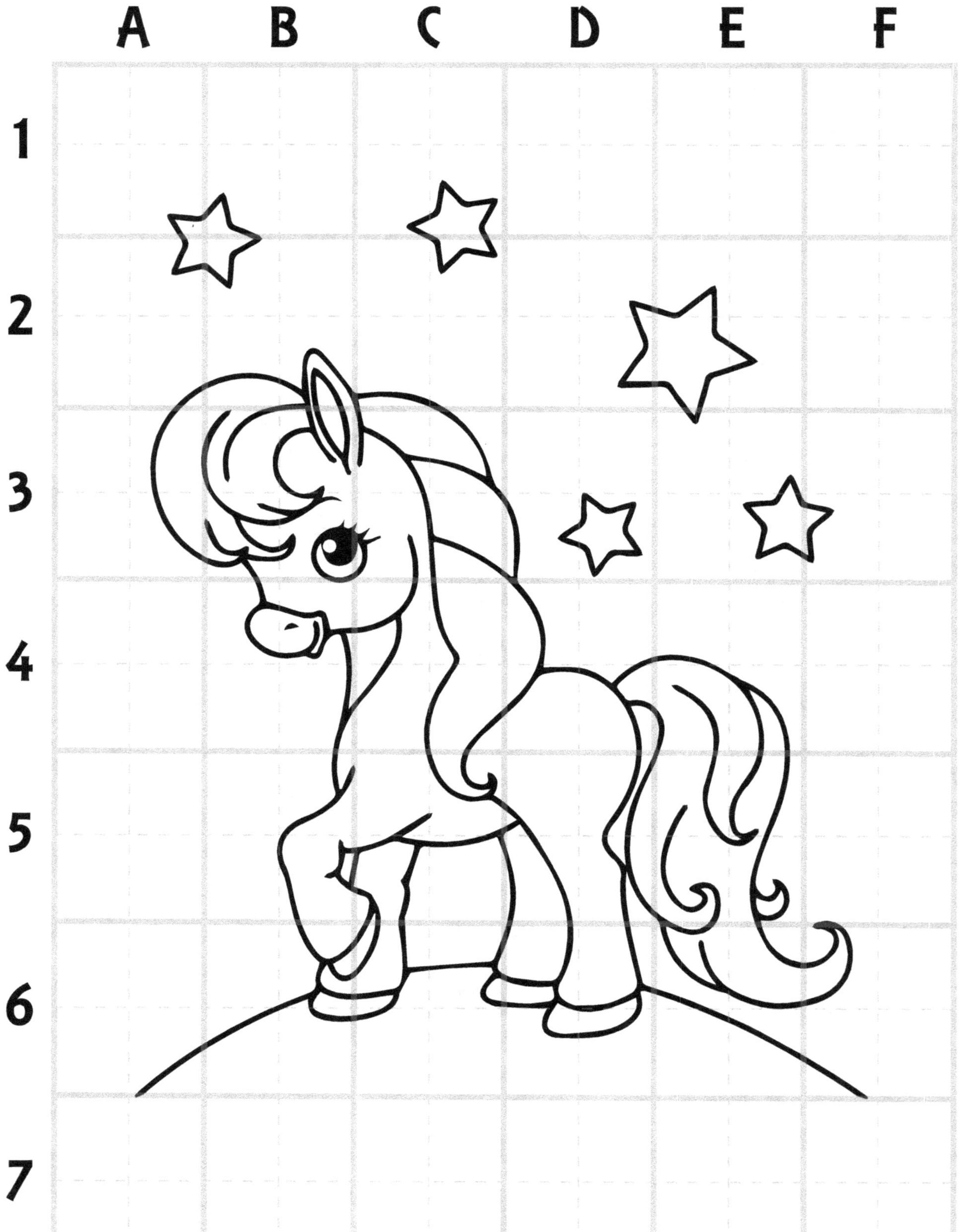
A B C D E F
1
2
3
4
5
6
7

YOUR TURN!

	A	B	C	D	E	F
1						
2						
3						
4						
5						
6						
7						

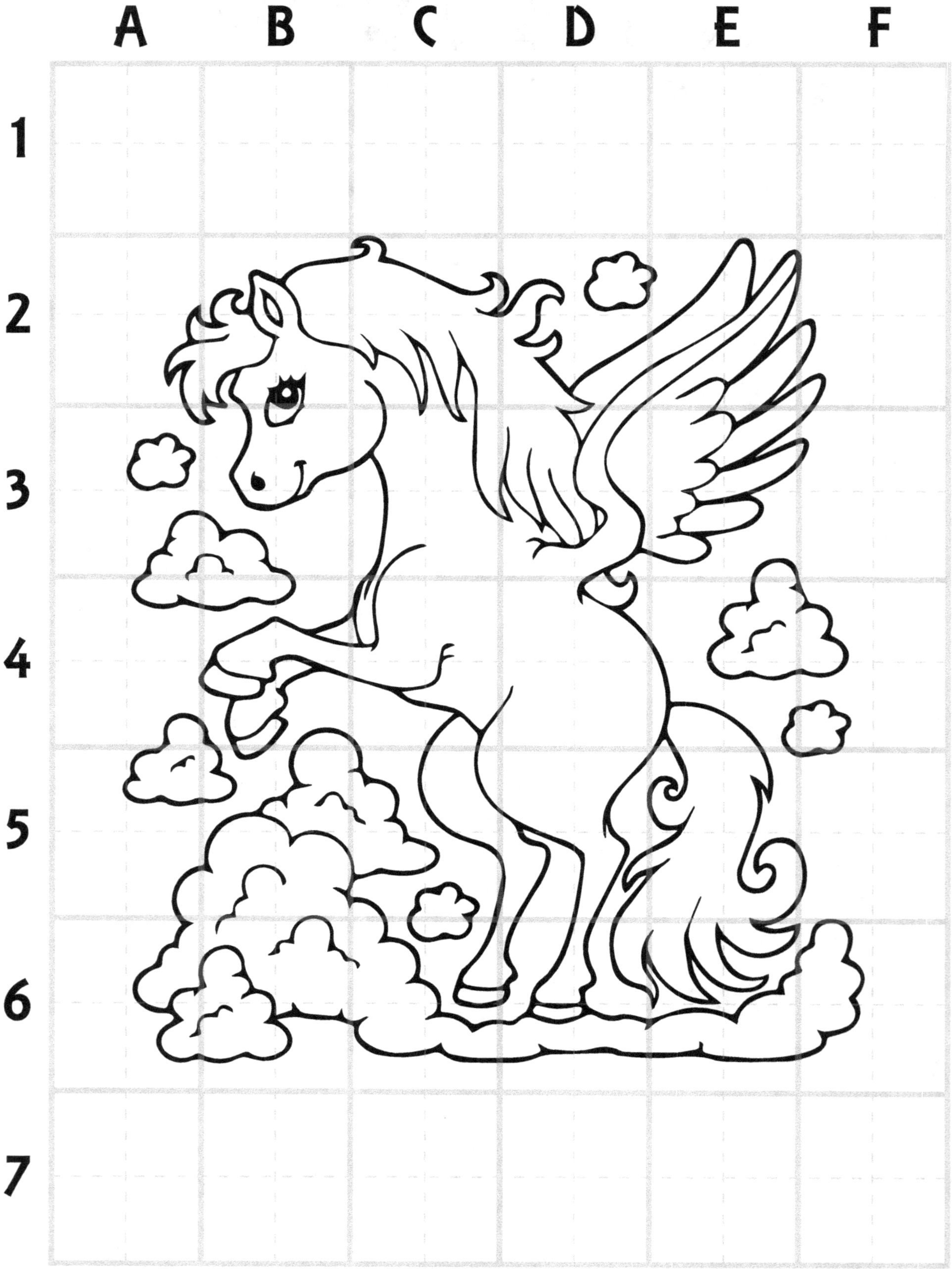
A
B
C
D
E
F
1
2
3
4
5
6
7

YOUR TURN!

	A	B	C	D	E	F
1						
2						
3						
4						
5						
6						
7						

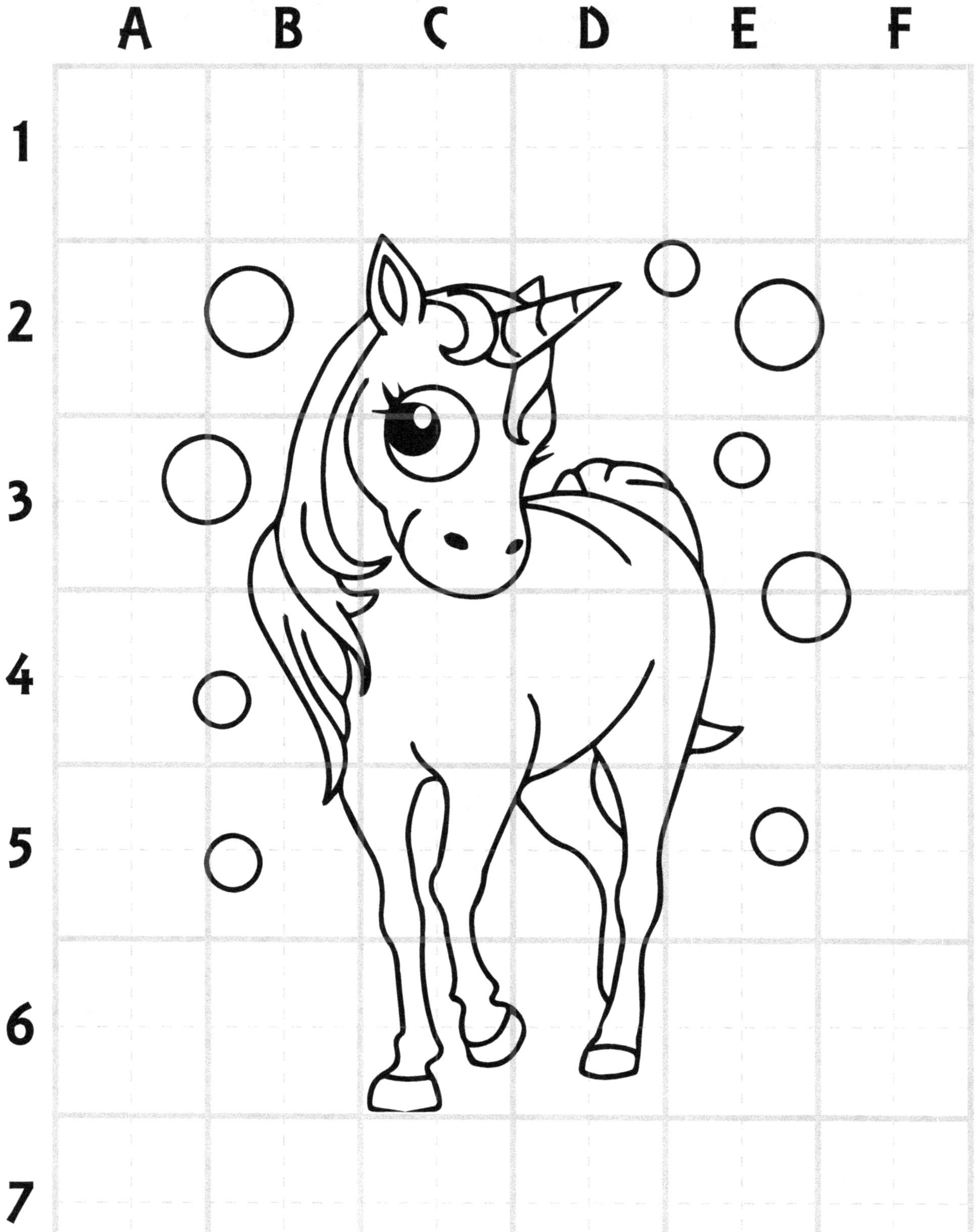
A
B
C
D
E
F
1
2
3
4
5
6
7

YOUR TURN!

	A	B	C	D	E	F
1						
2						
3						
4						
5						
6						
7						

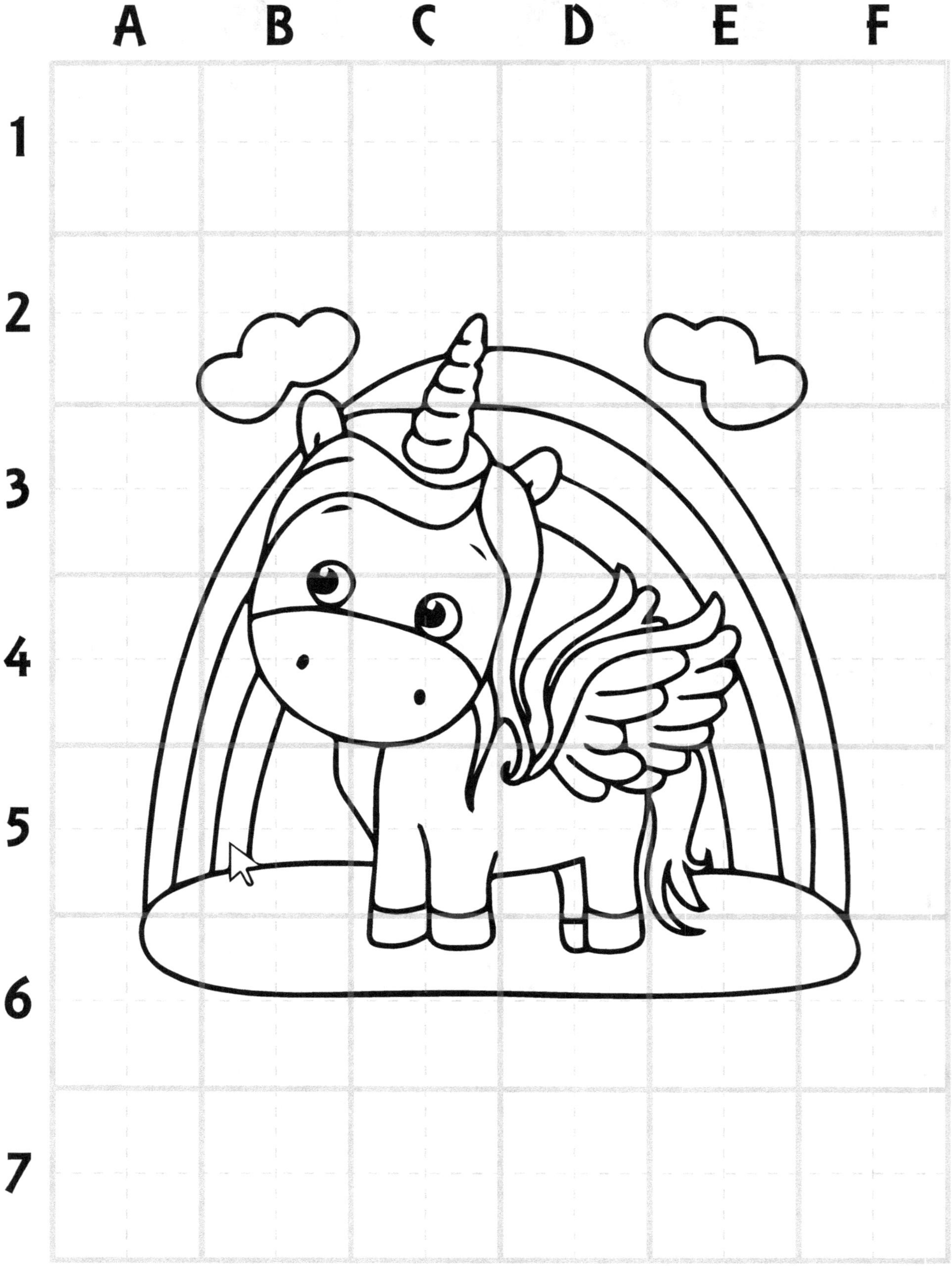
A B C D E F
1
2
3
4
5
6
7

YOUR TURN!

	A	B	C	D	E	F
1						
2						
3						
4						
5						
6						
7						

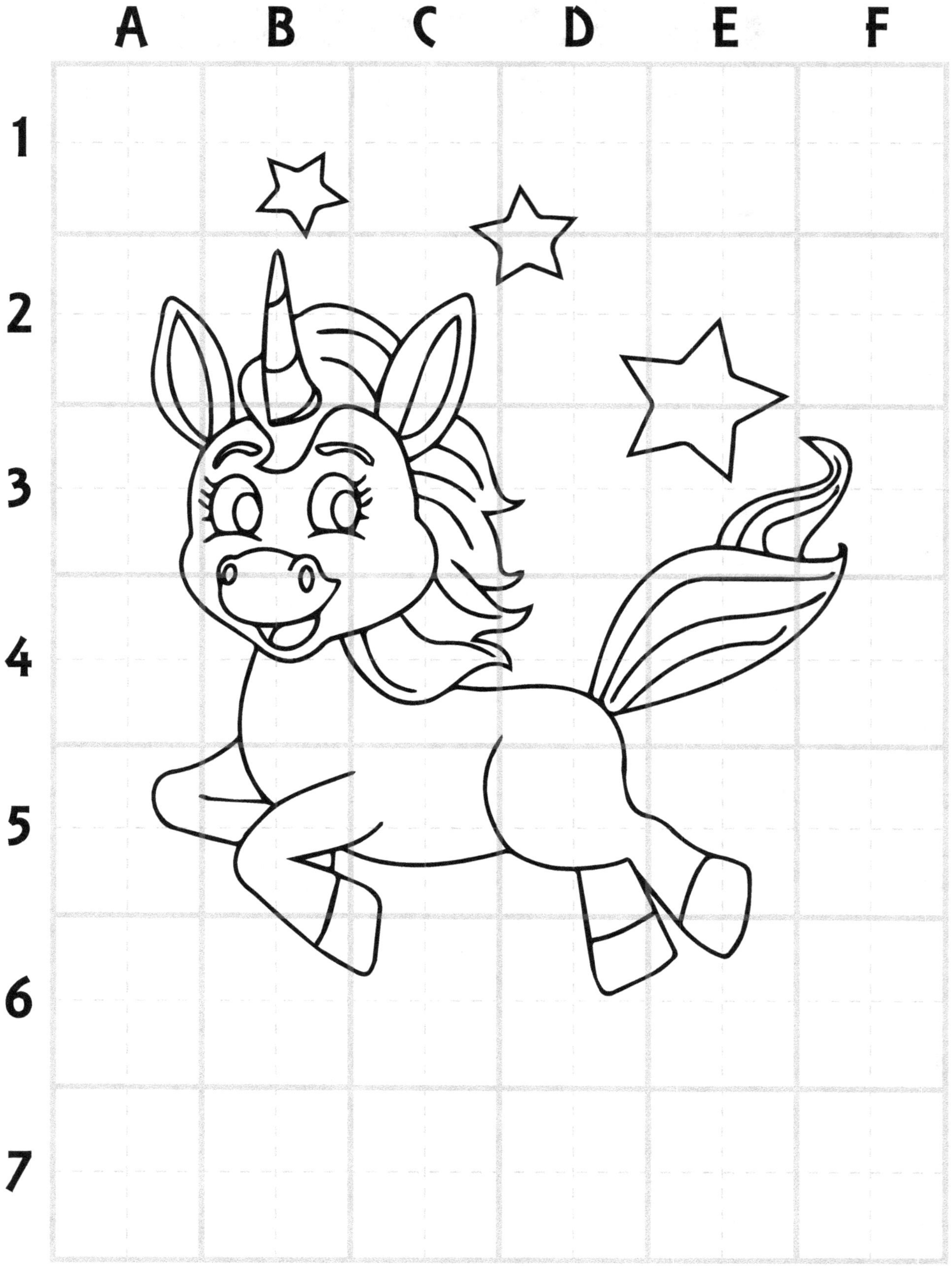
A
B
C
D
E
F
1
2
3
4
5
6
7

YOUR TURN!

	A	B	C	D	E	F
1						
2						
3						
4						
5						
6						
7						

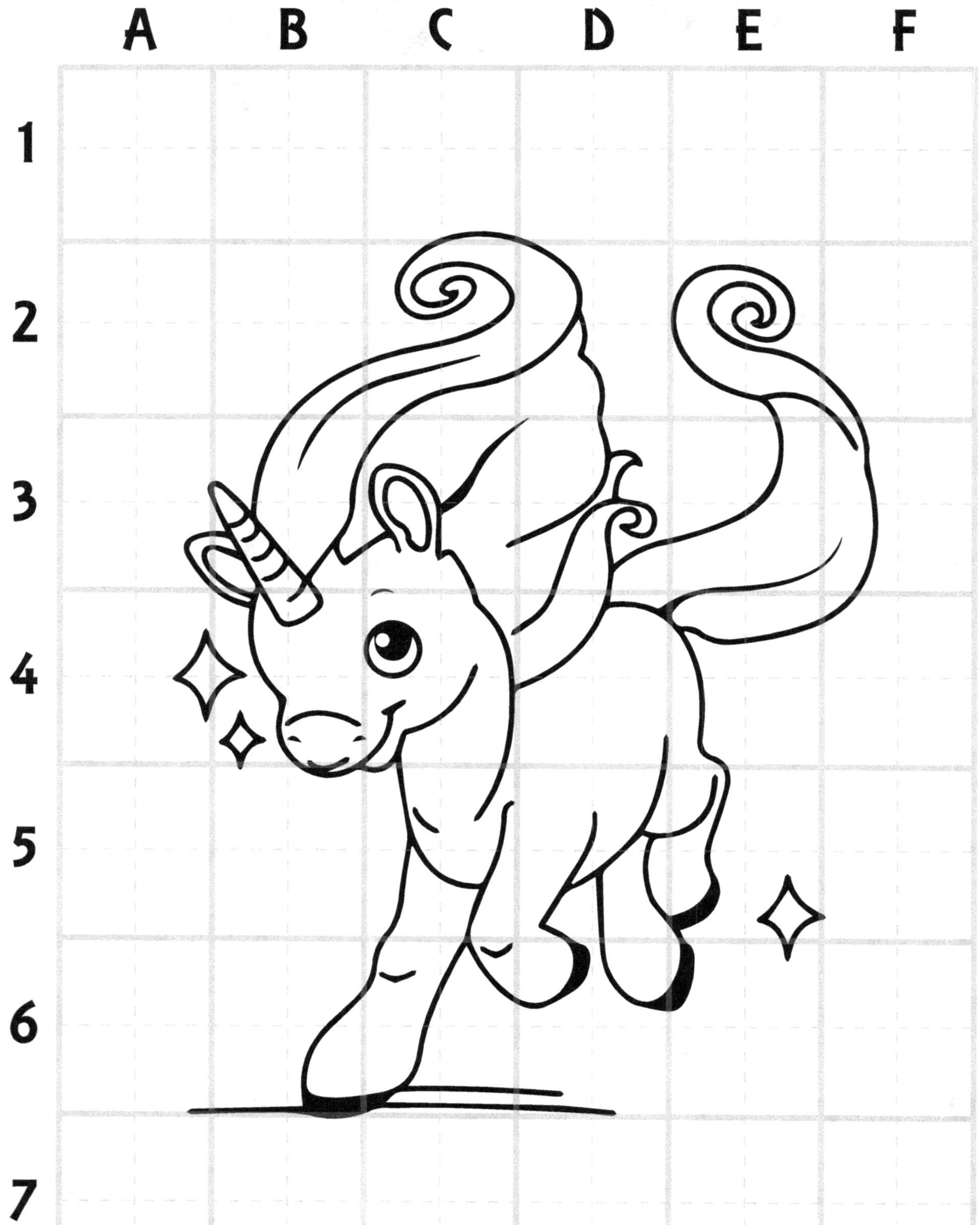
A
B
C
D
E
F
1
2
3
4
5
6
7

YOUR TURN!

	A	B	C	D	E	F
1						
2						
3						
4						
5						
6						
7						

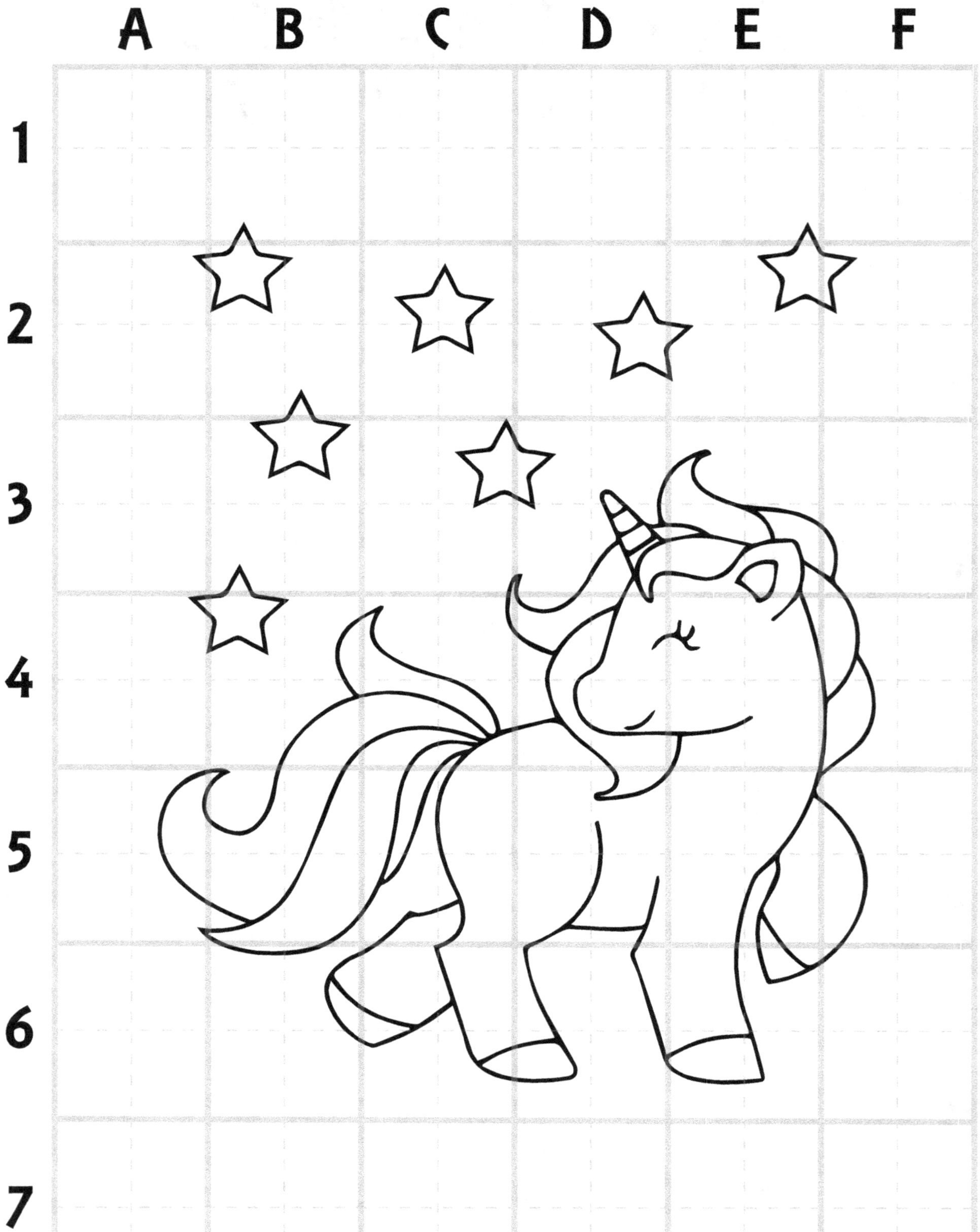
A
B
C
D
E
F
1
2
3
4
5
6
7

YOUR TURN!

	A	B	C	D	E	F
1						
2						
3						
4						
5						
6						
7						

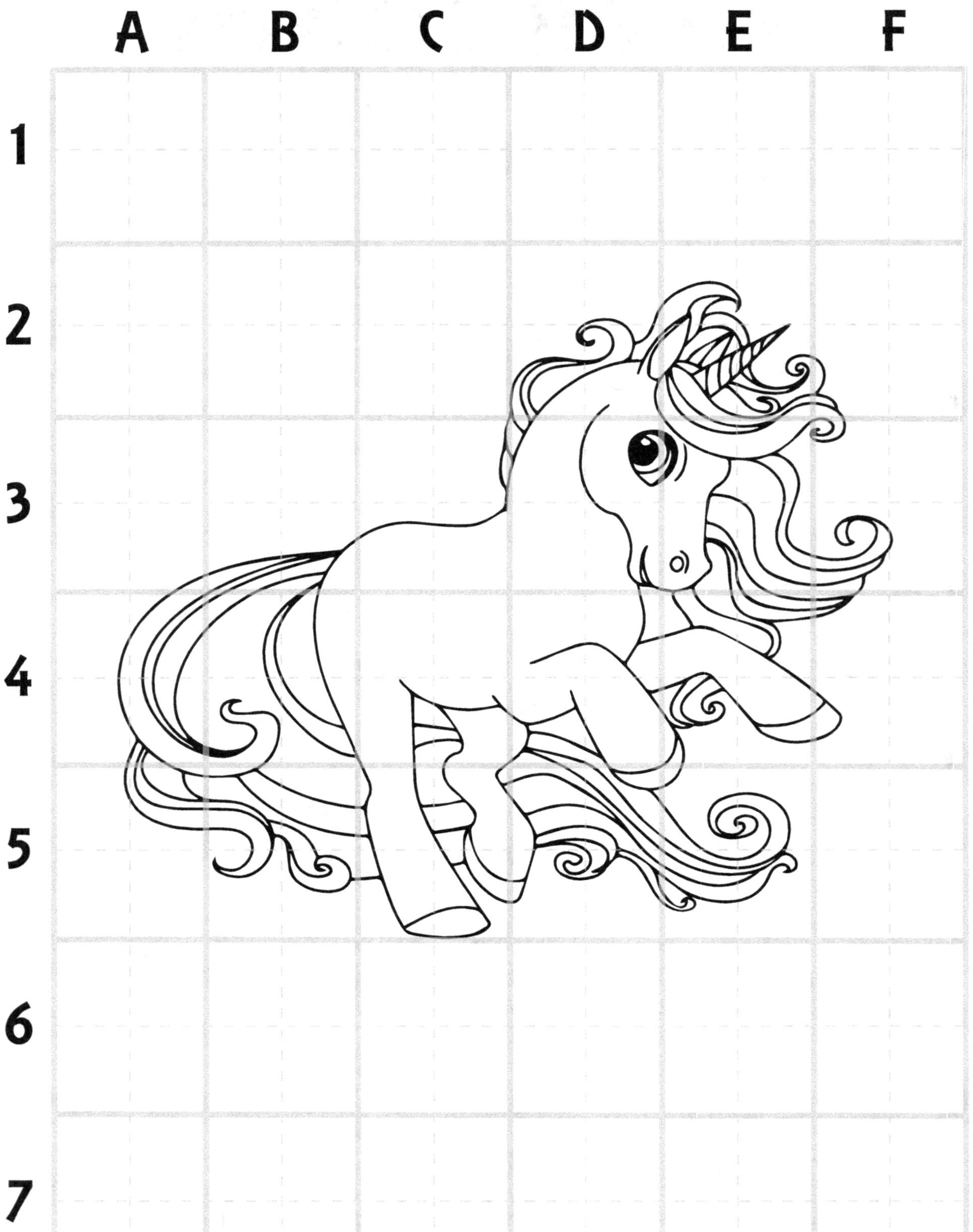

YOUR TURN!

	A	B	C	D	E	F
1						
2						
3						
4						
5						
6						
7						

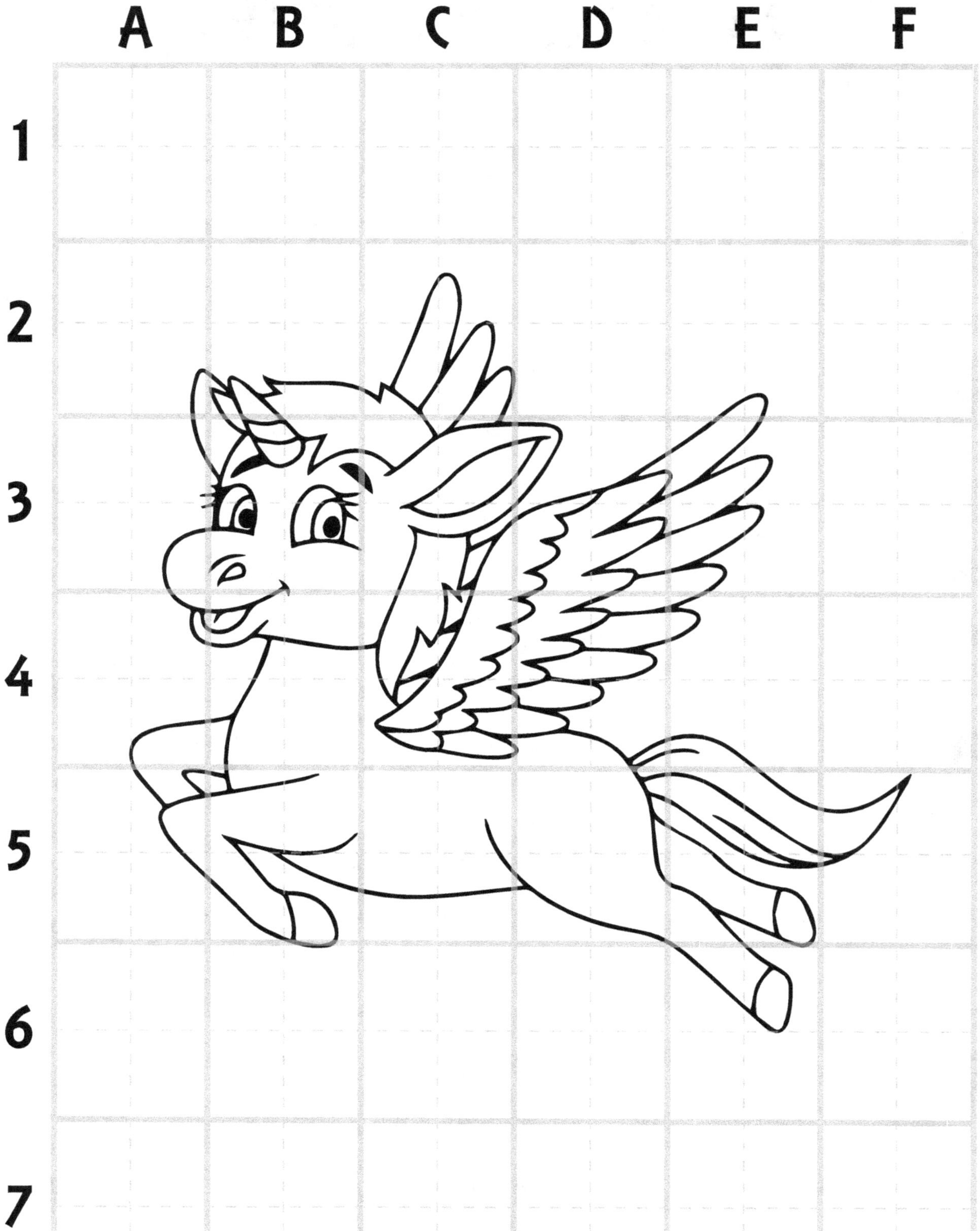
A B C D E F
1
2
3
4
5
6
7

YOUR TURN!

	A	B	C	D	E	F
1						
2						
3						
4						
5						
6						
7						

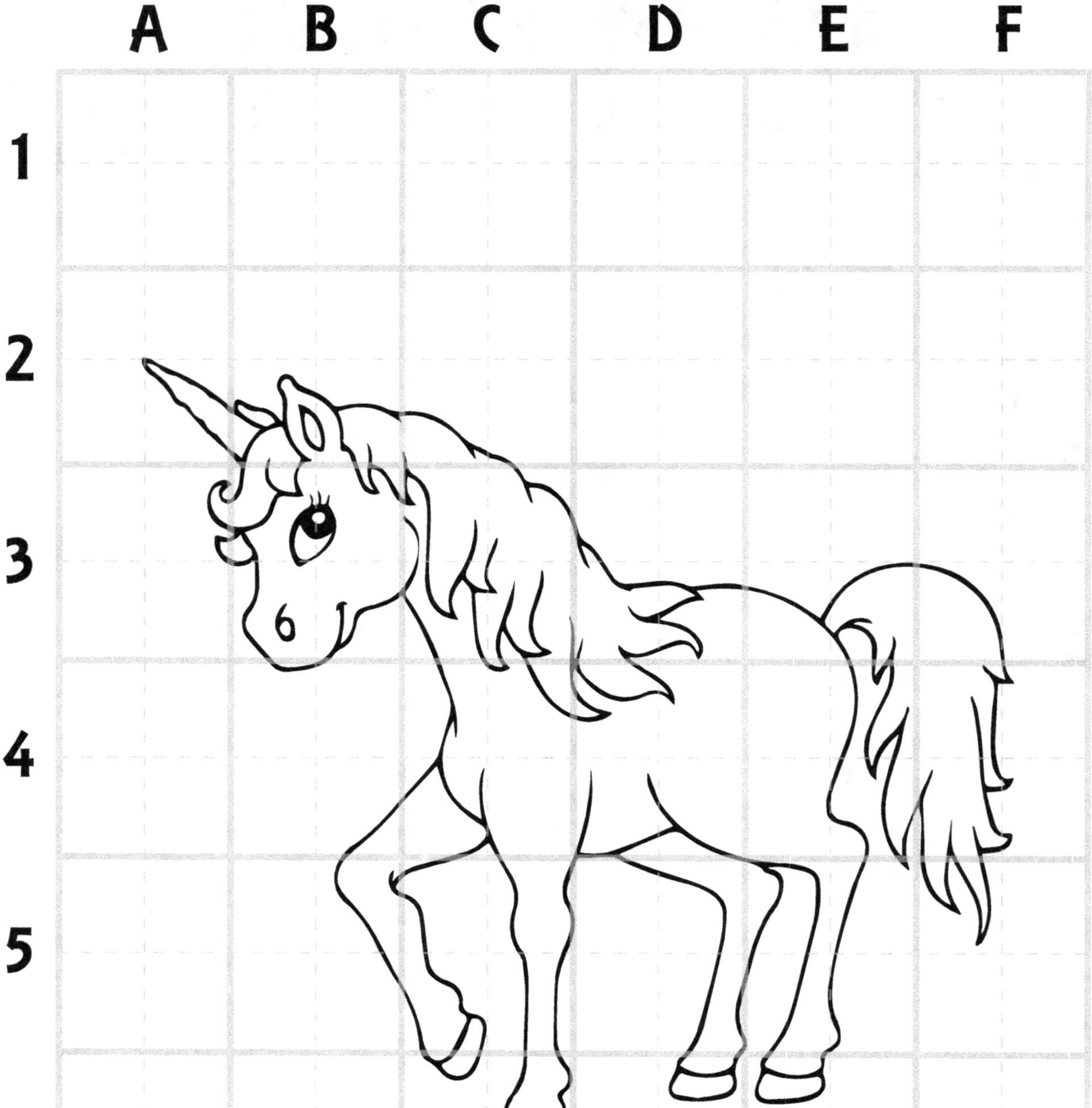
A B C D E F
1
2
3
4
5
6
7

YOUR TURN!

	A	B	C	D	E	F
1						
2						
3						
4						
5						
6						
7						

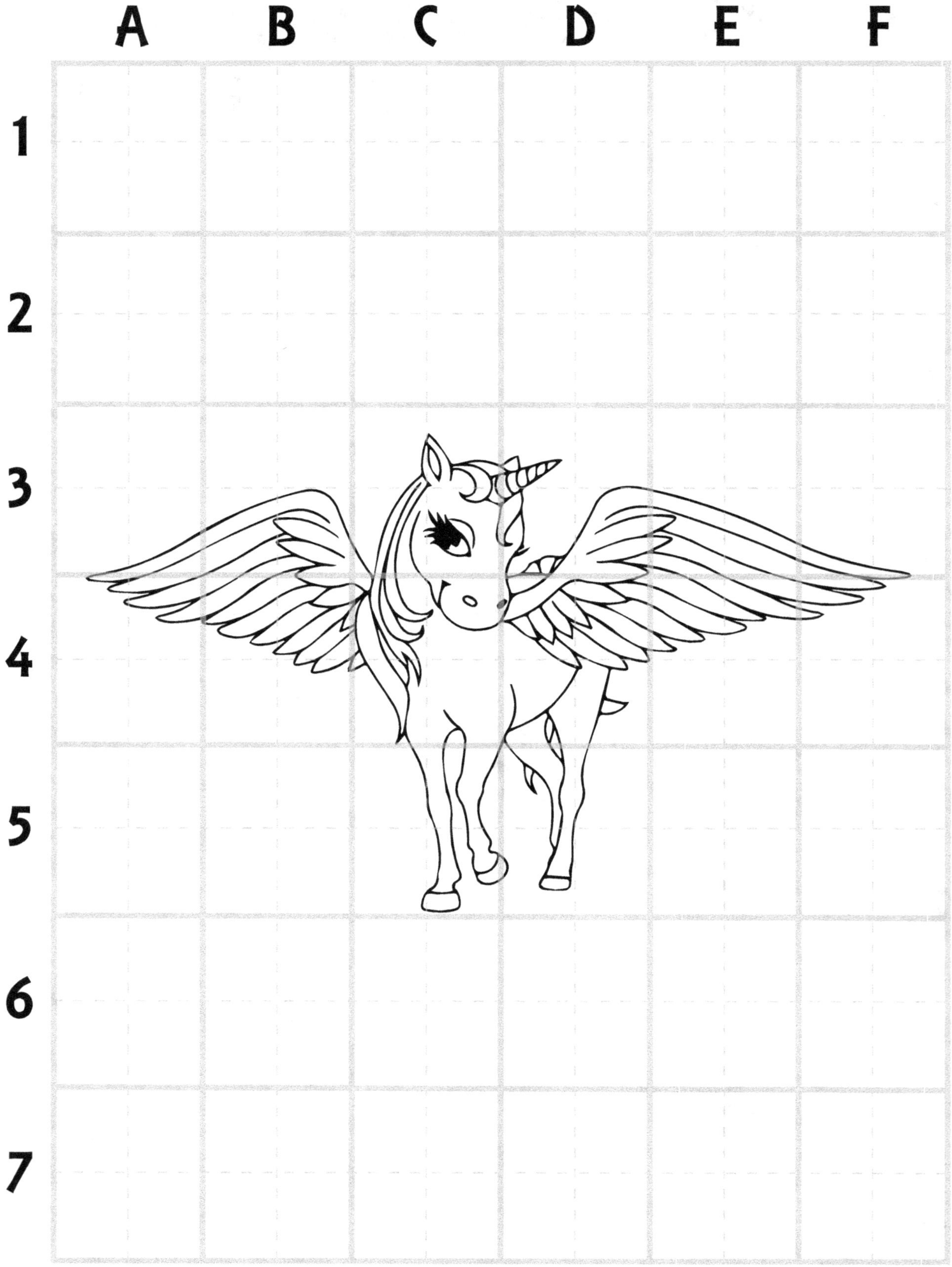
A
B
C
D
E
F
1
2
3
4
5
6
7

YOUR TURN!

	A	B	C	D	E	F
1						
2						
3						
4						
5						
6						
7						

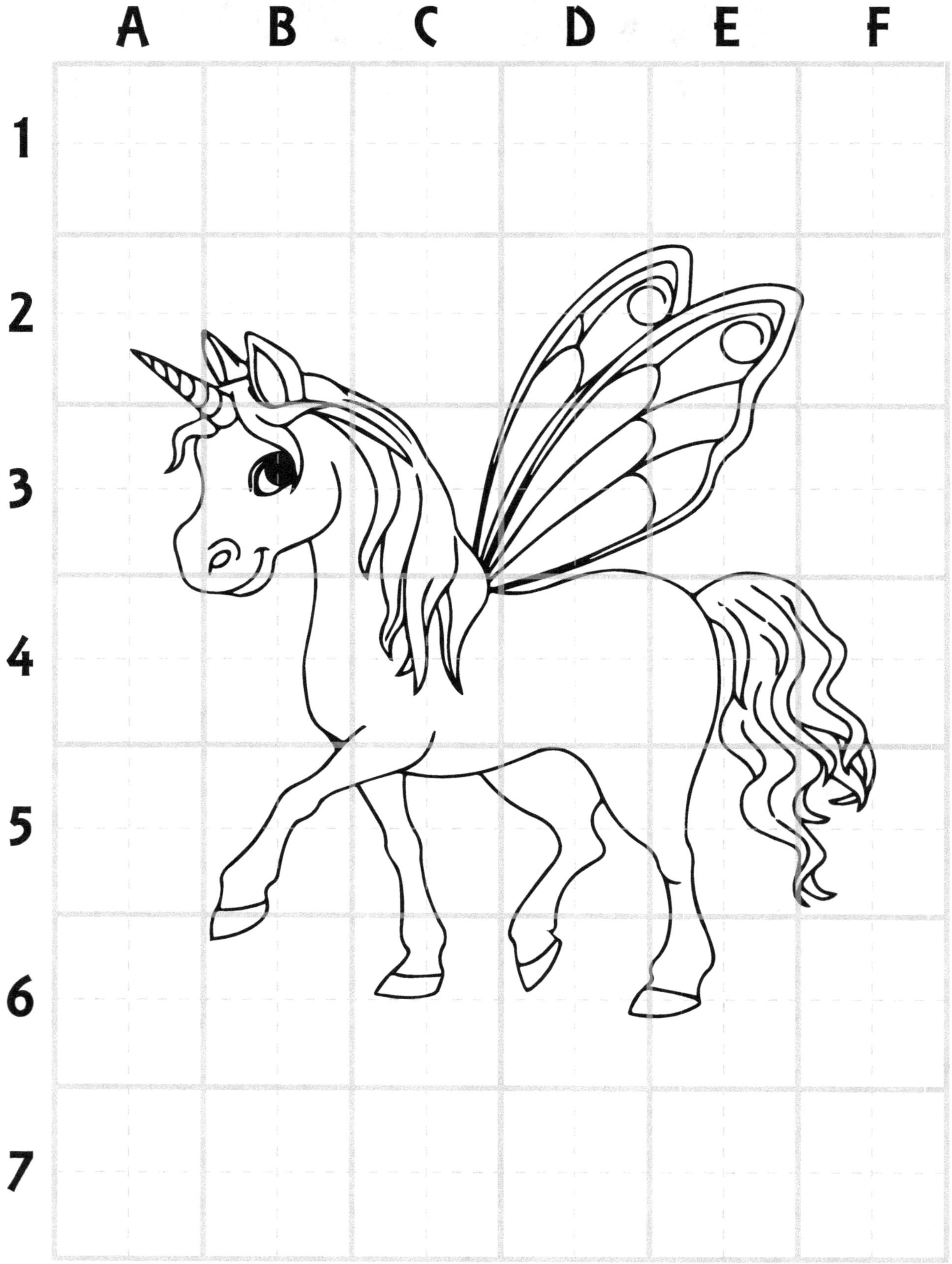
A B C D E F
1
2
3
4
5
6
7

YOUR TURN!

	A	B	C	D	E	F
1						
2						
3						
4						
5						
6						
7						

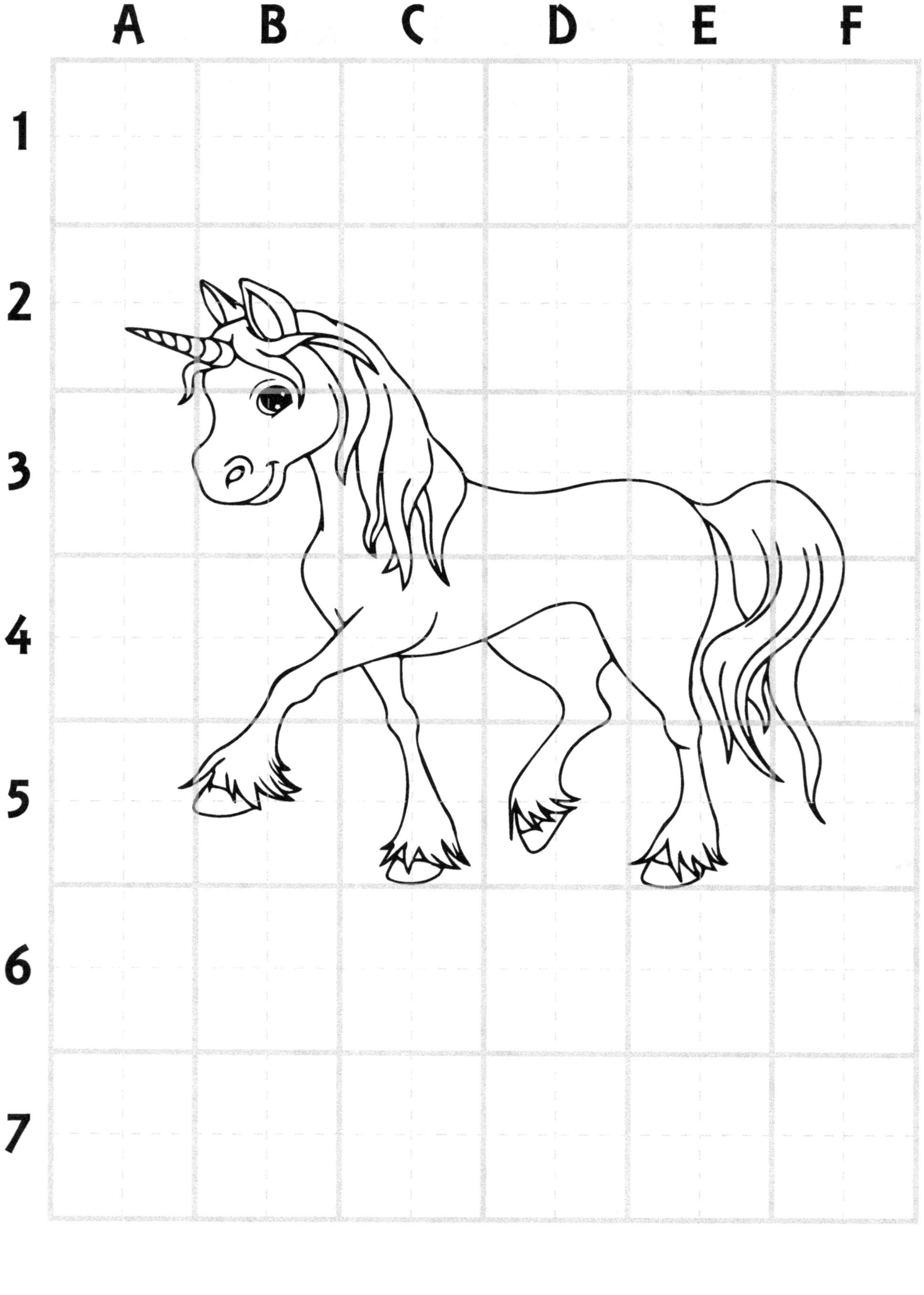
A B C D E F
1
2
3
4
5
6
7

YOUR TURN!

	A	B	C	D	E	F
1						
2						
3						
4						
5						
6						
7						

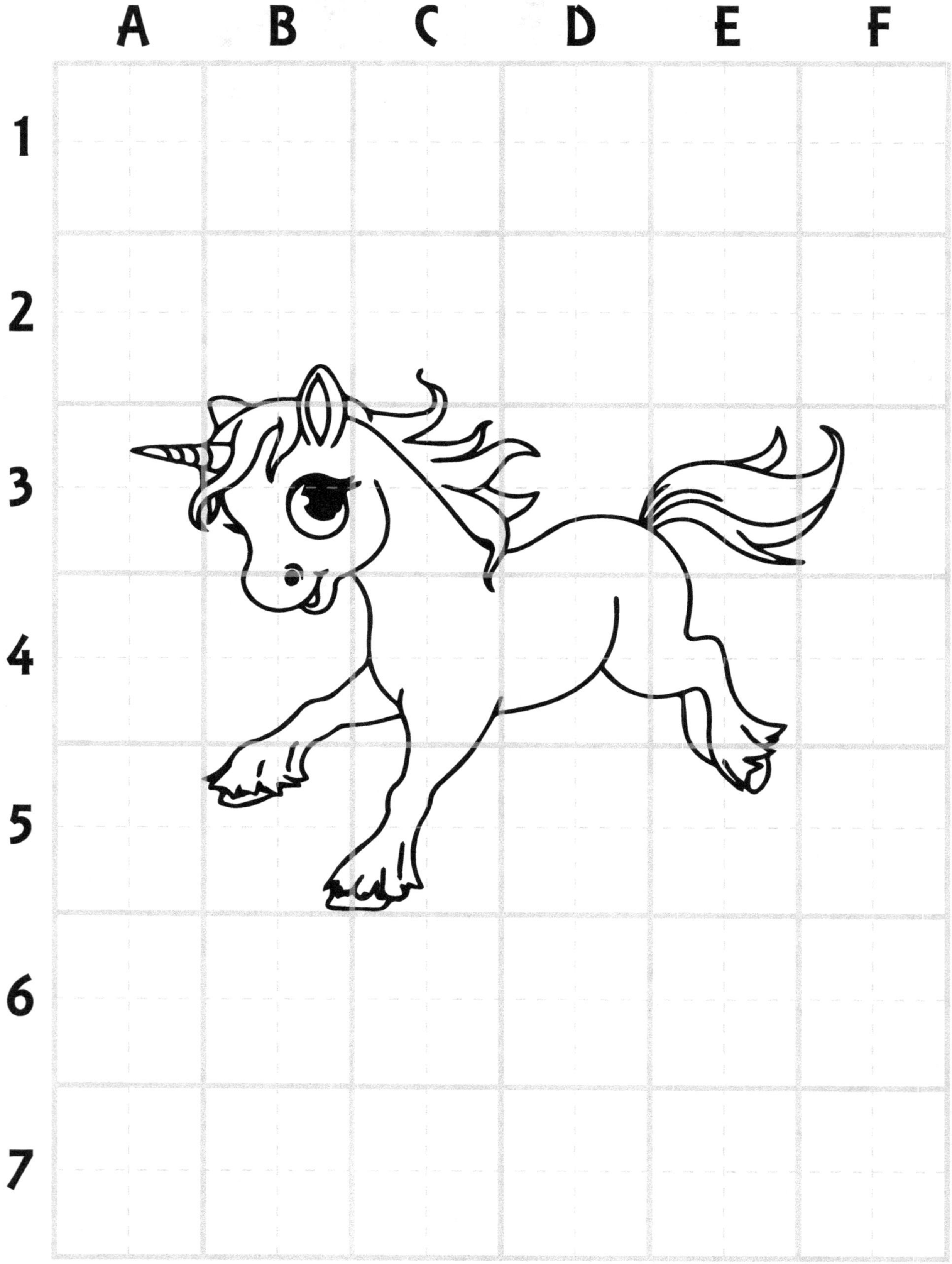
A B C D E F
1
2
3
4
5
6
7

YOUR TURN!

	A	B	C	D	E	F
1						
2						
3						
4						
5						
6						
7						

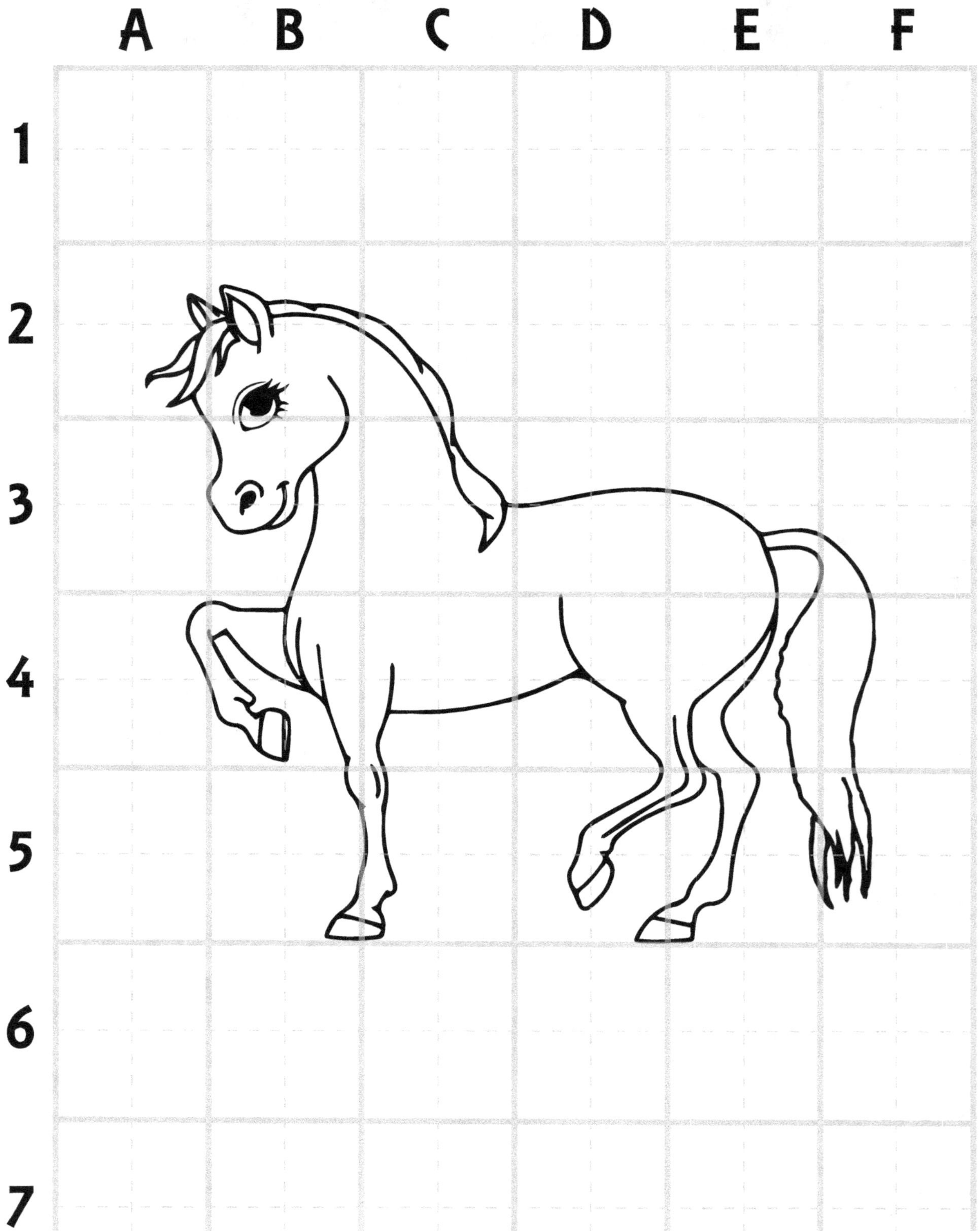
A B C D E F
1
2
3
4
5
6
7

YOUR TURN!

	A	B	C	D	E	F
1						
2						
3						
4						
5						
6						
7						

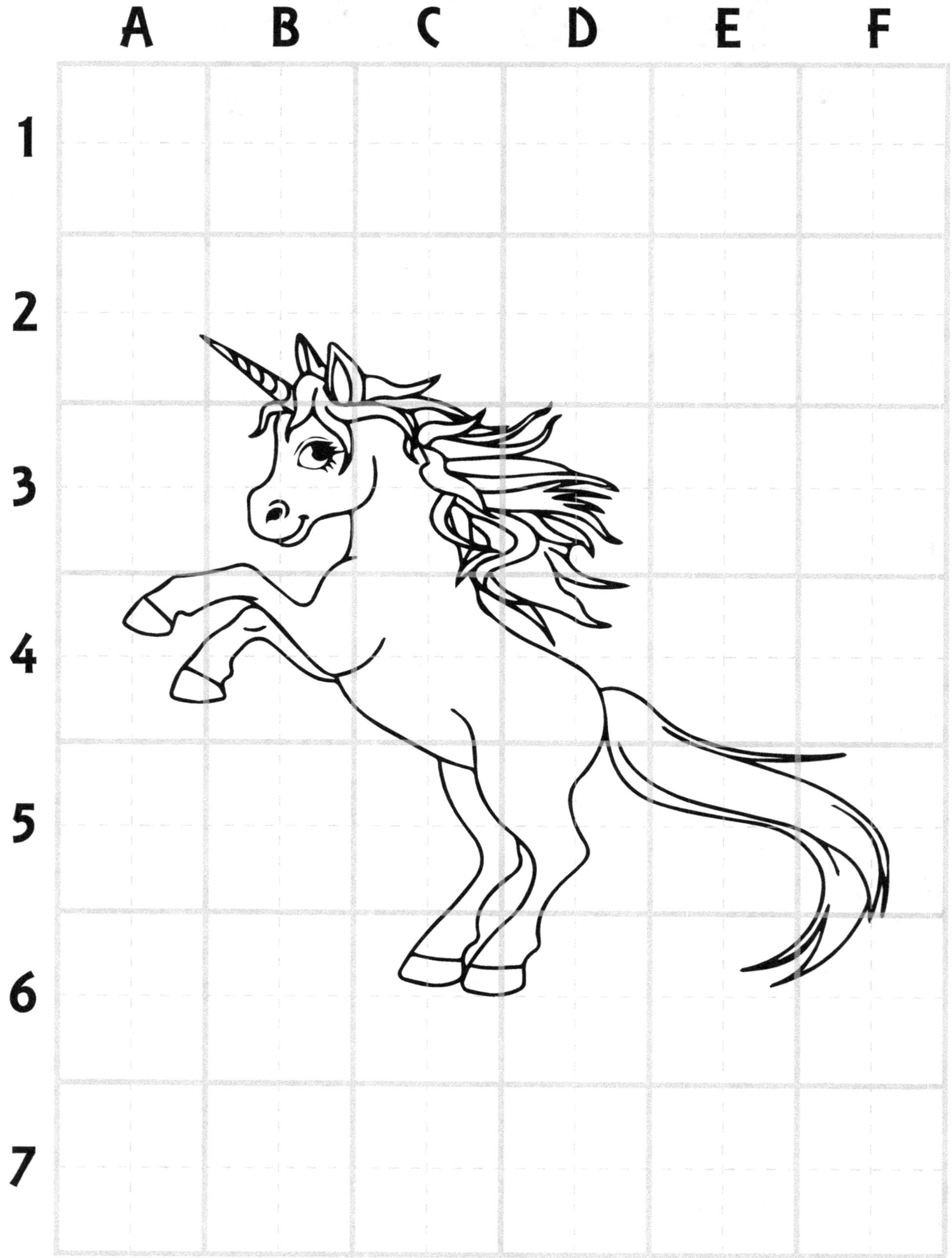
A
B
C
D
E
F
1
2
3
4
5
6
7

YOUR TURN!

	A	B	C	D	E	F
1						
2						
3						
4						
5						
6						
7						

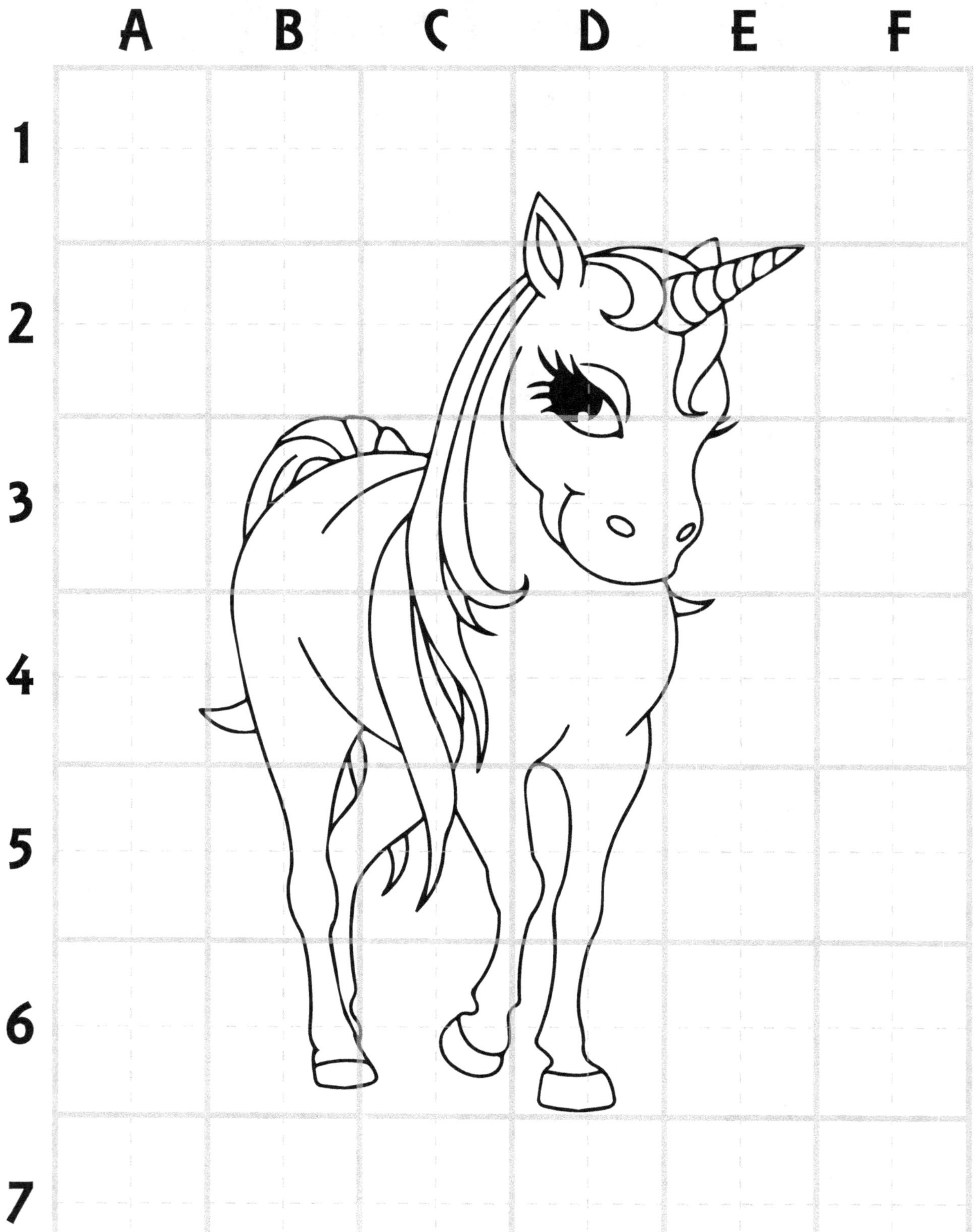
A
B
C
D
E
F
1
2
3
4
5
6
7

YOUR TURN!

	A	B	C	D	E	F
1						
2						
3						
4						
5						
6						
7						

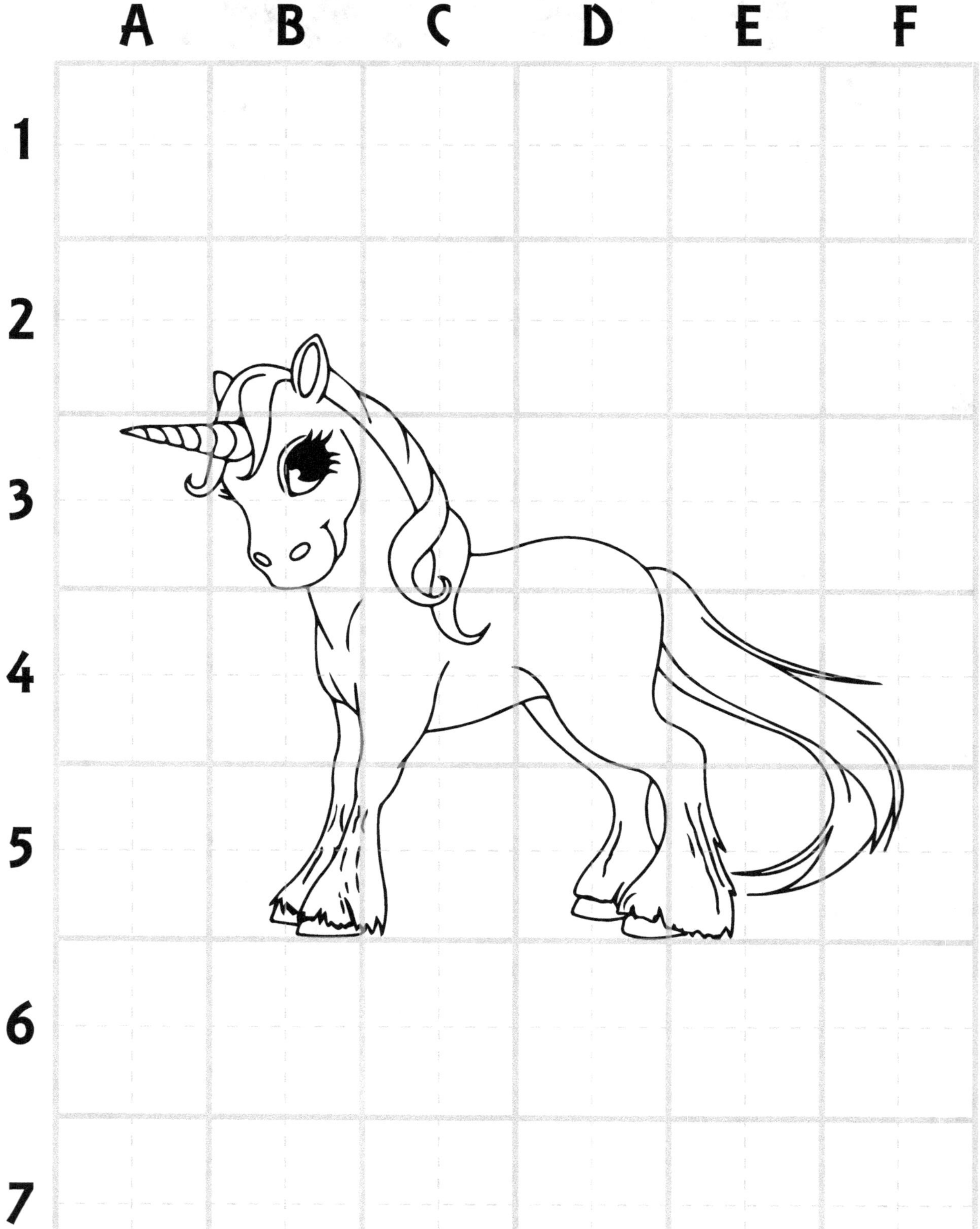
A
B
C
D
E
F
1
2
3
4
5
6
7

YOUR TURN!

	A	B	C	D	E	F
1						
2						
3						
4						
5						
6						
7						

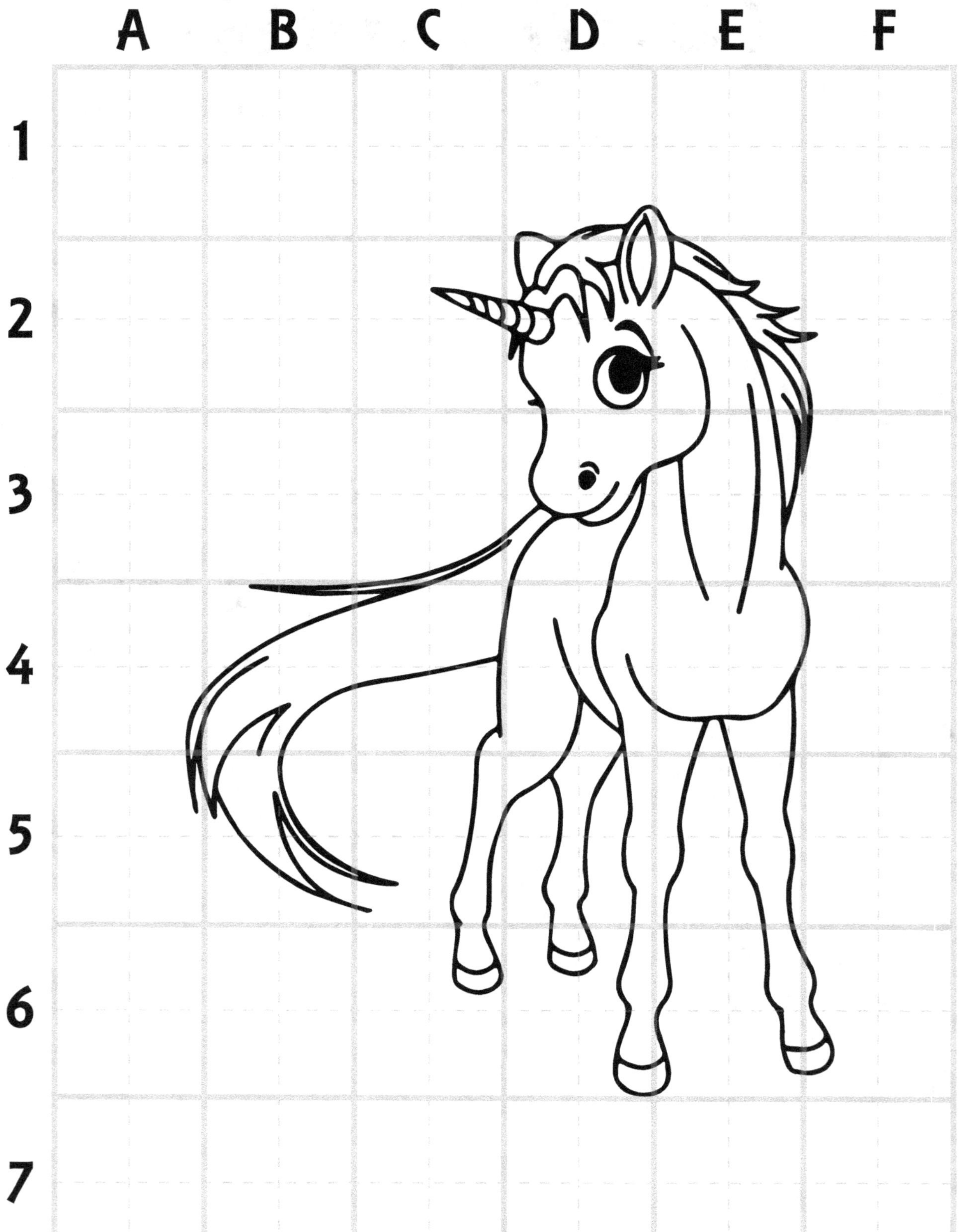
A
B
C
D
E
F
1
2
3
4
5
6
7

YOUR TURN!

	A	B	C	D	E	F
1						
2						
3						
4						
5						
6						
7						

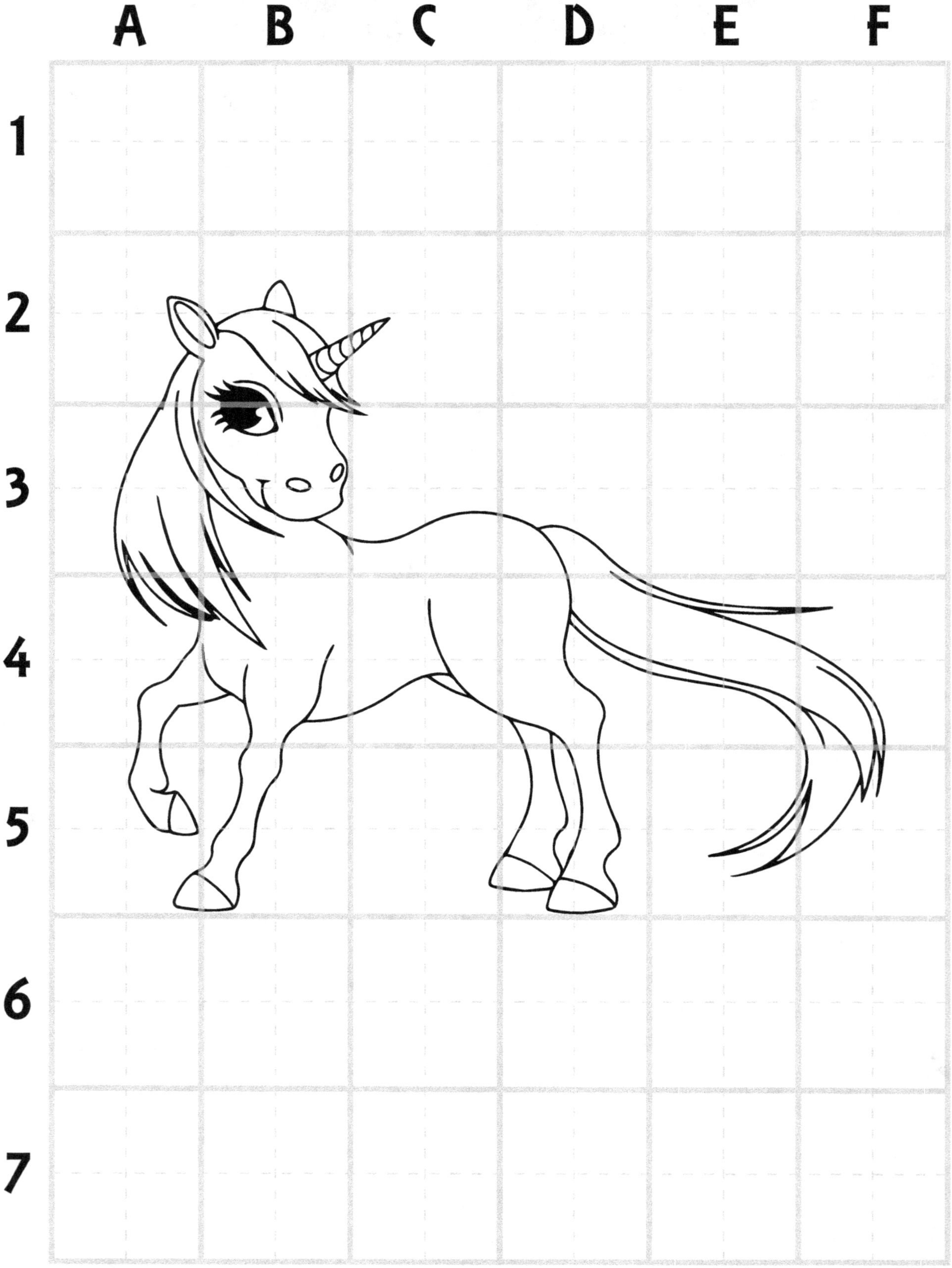
A
B
C
D
E
F
1
2
3
4
5
6
7

YOUR TURN!

	A	B	C	D	E	F
1						
2						
3						
4						
5						
6						
7						

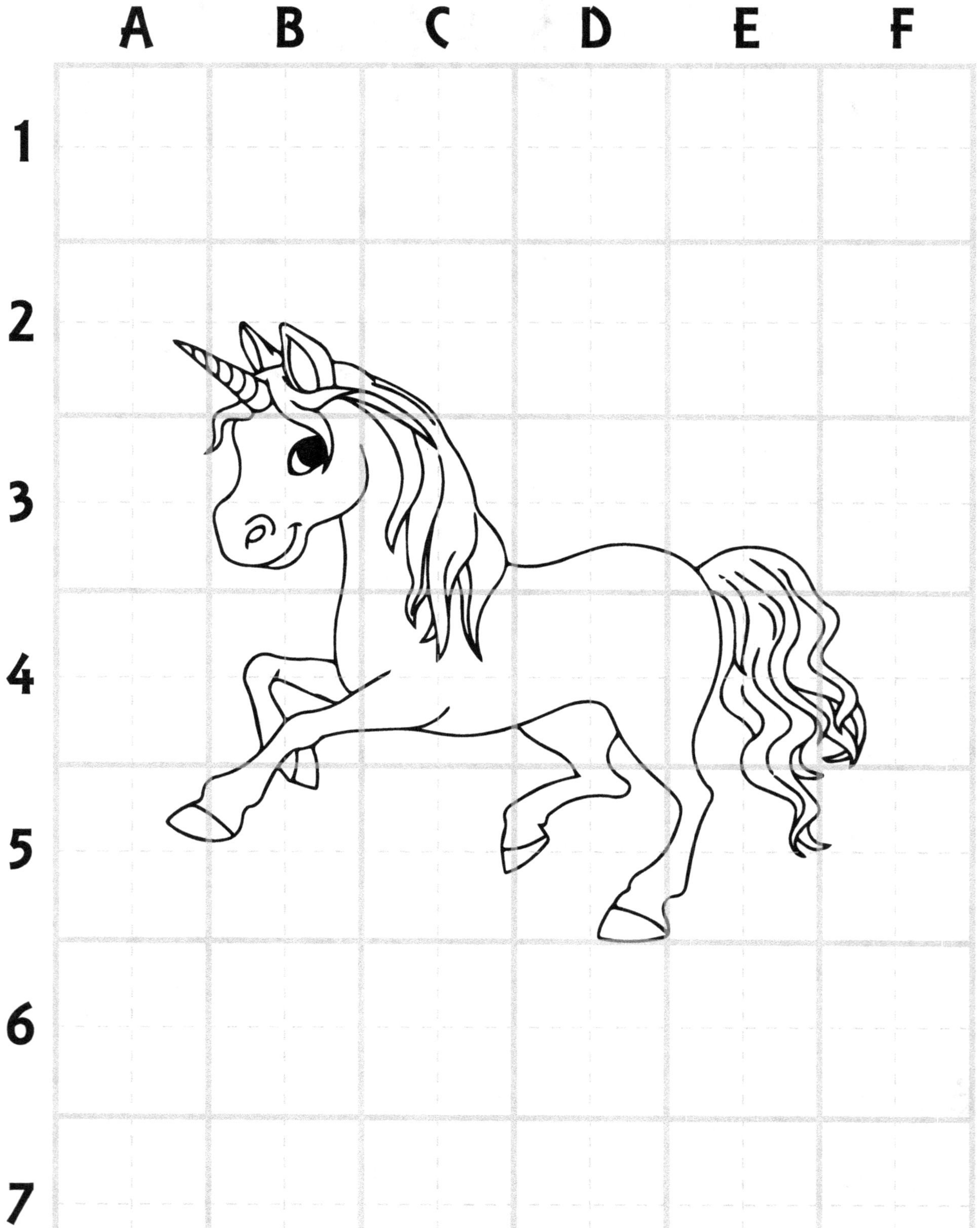
A B C D E F
1
2
3
4
5
6
7

YOUR TURN!

	A	B	C	D	E	F
1						
2						
3						
4						
5						
6						
7						

A B C D E F

1
2
3
4
5
6
7

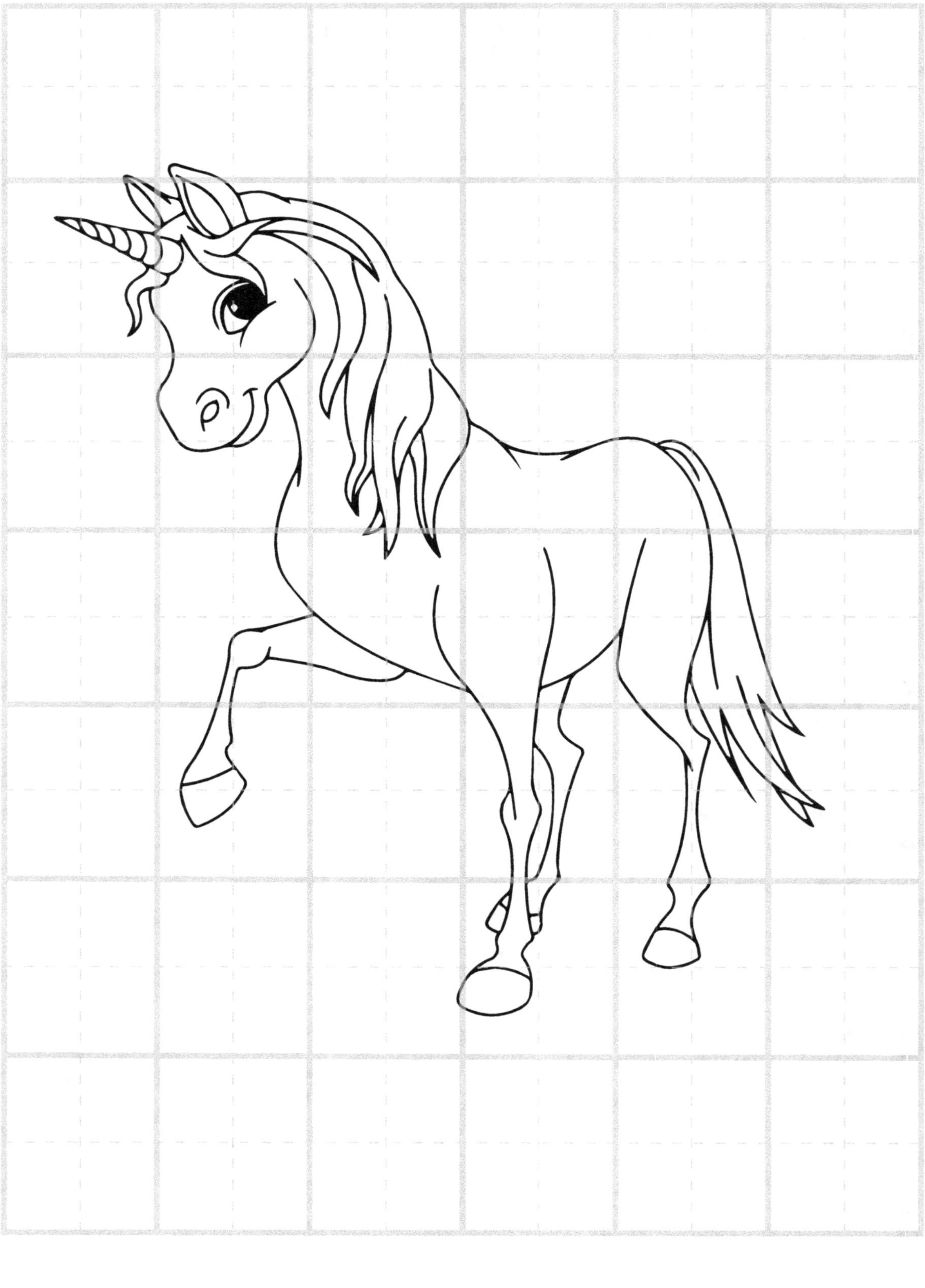

YOUR TURN!

	A	B	C	D	E	F
1						
2						
3						
4						
5						
6						
7						

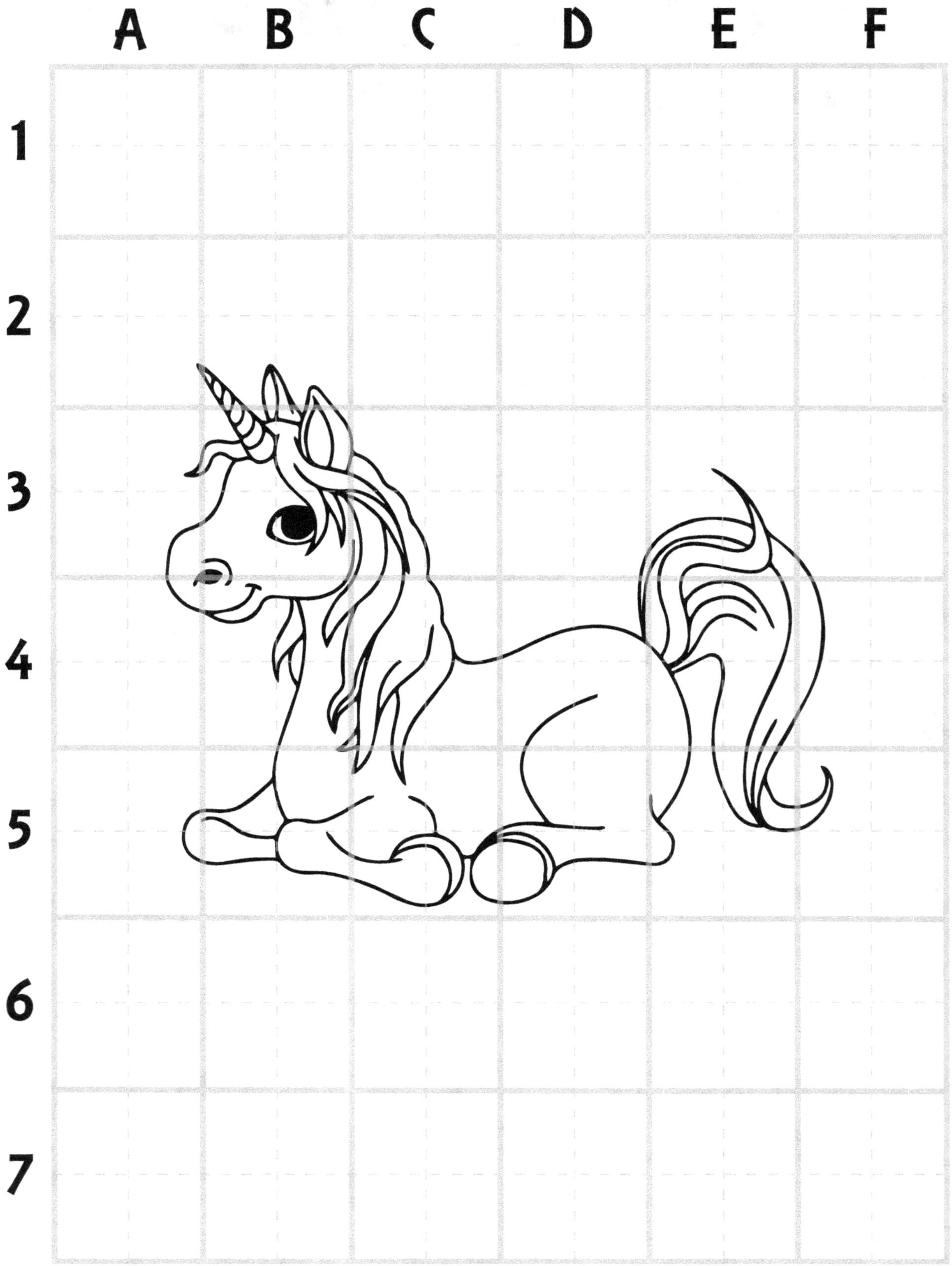
A B C D E F
1
2
3
4
5
6
7

YOUR TURN!

	A	B	C	D	E	F
1						
2						
3						
4						
5						
6						
7						

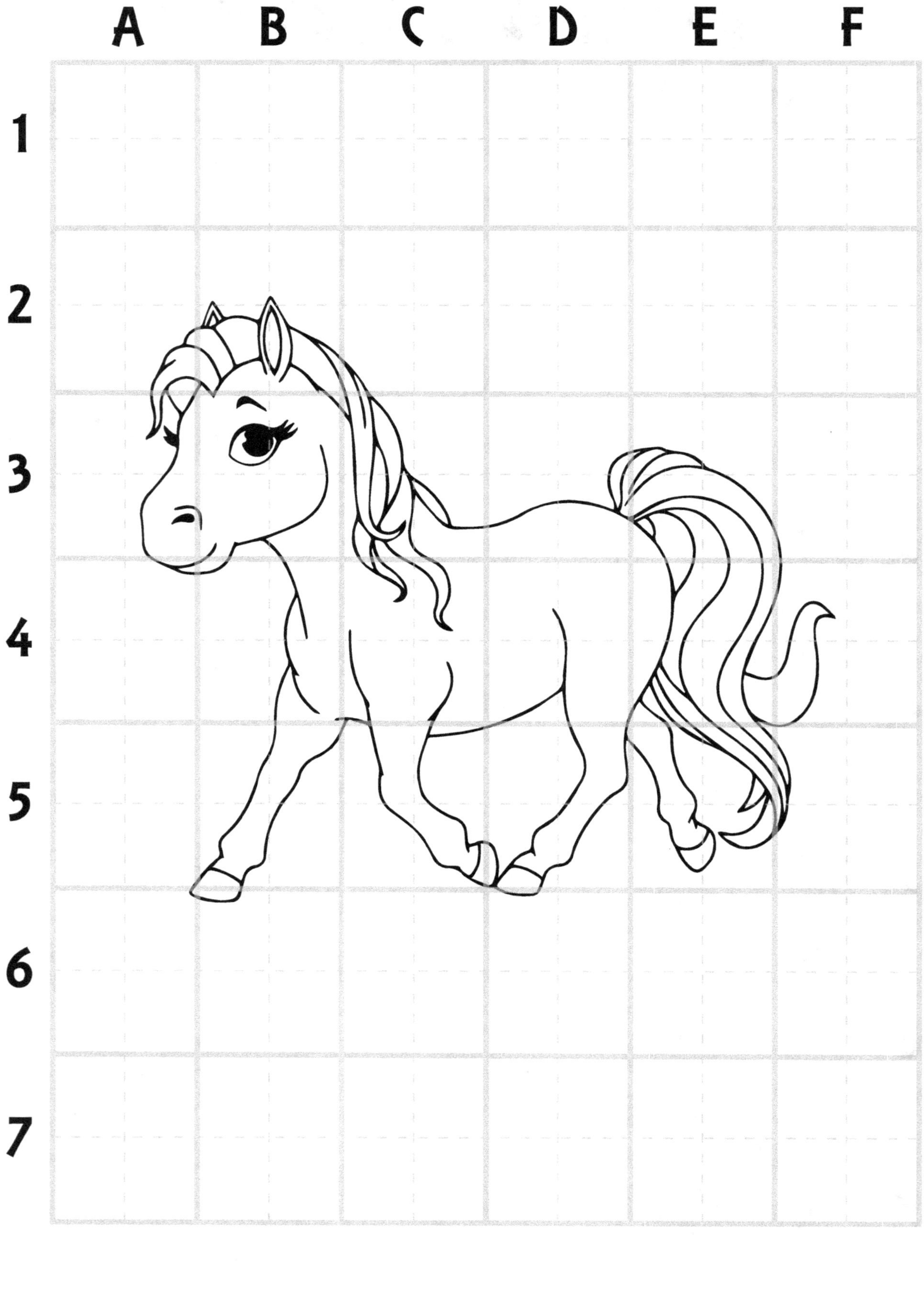
A B C D E F
1
2
3
4
5
6
7

YOUR TURN!

	A	B	C	D	E	F
1						
2						
3						
4						
5						
6						
7						

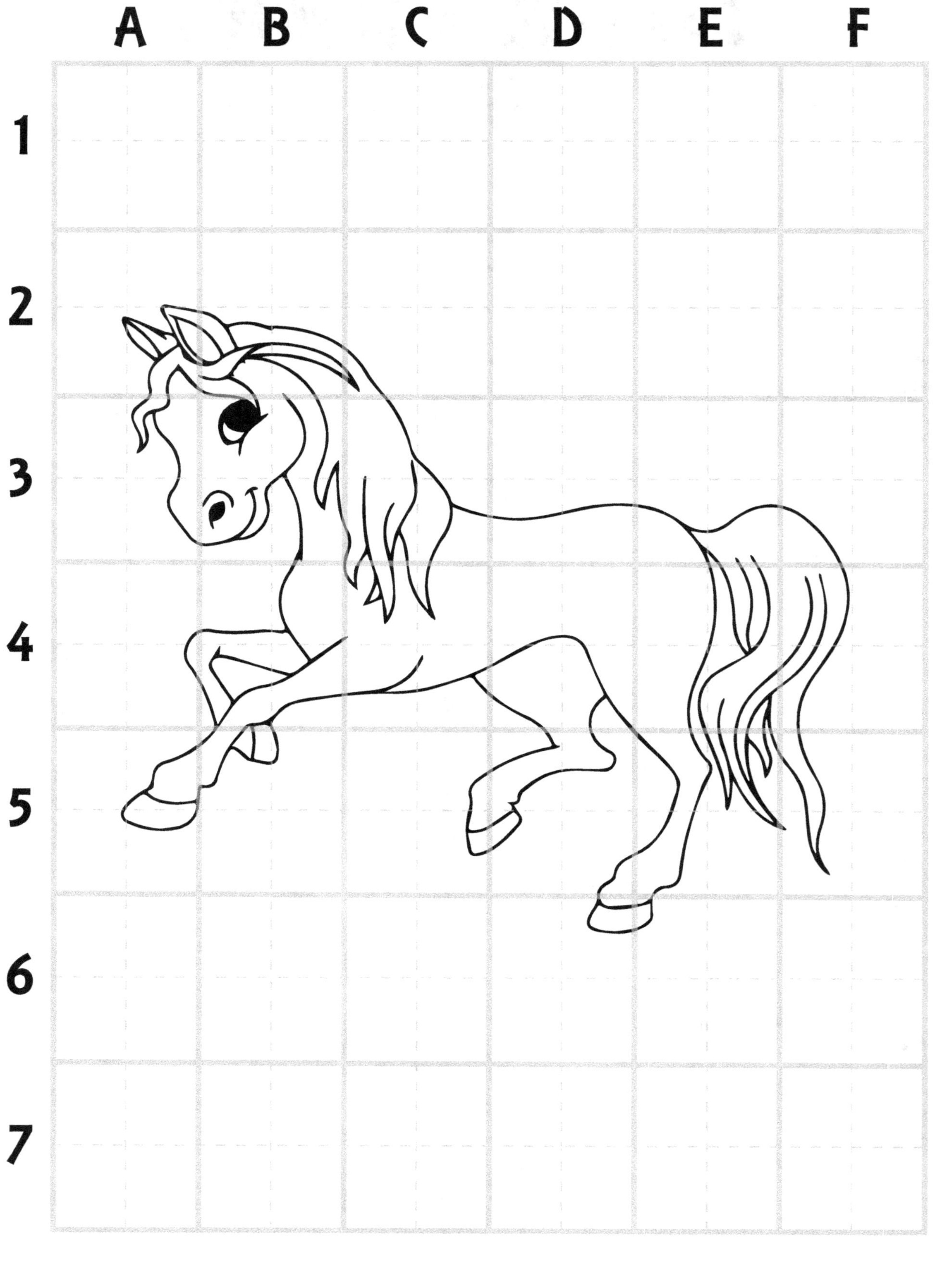
A
B
C
D
E
F
1
2
3
4
5
6
7

YOUR TURN!

	A	B	C	D	E	F
1						
2						
3						
4						
5						
6						
7						

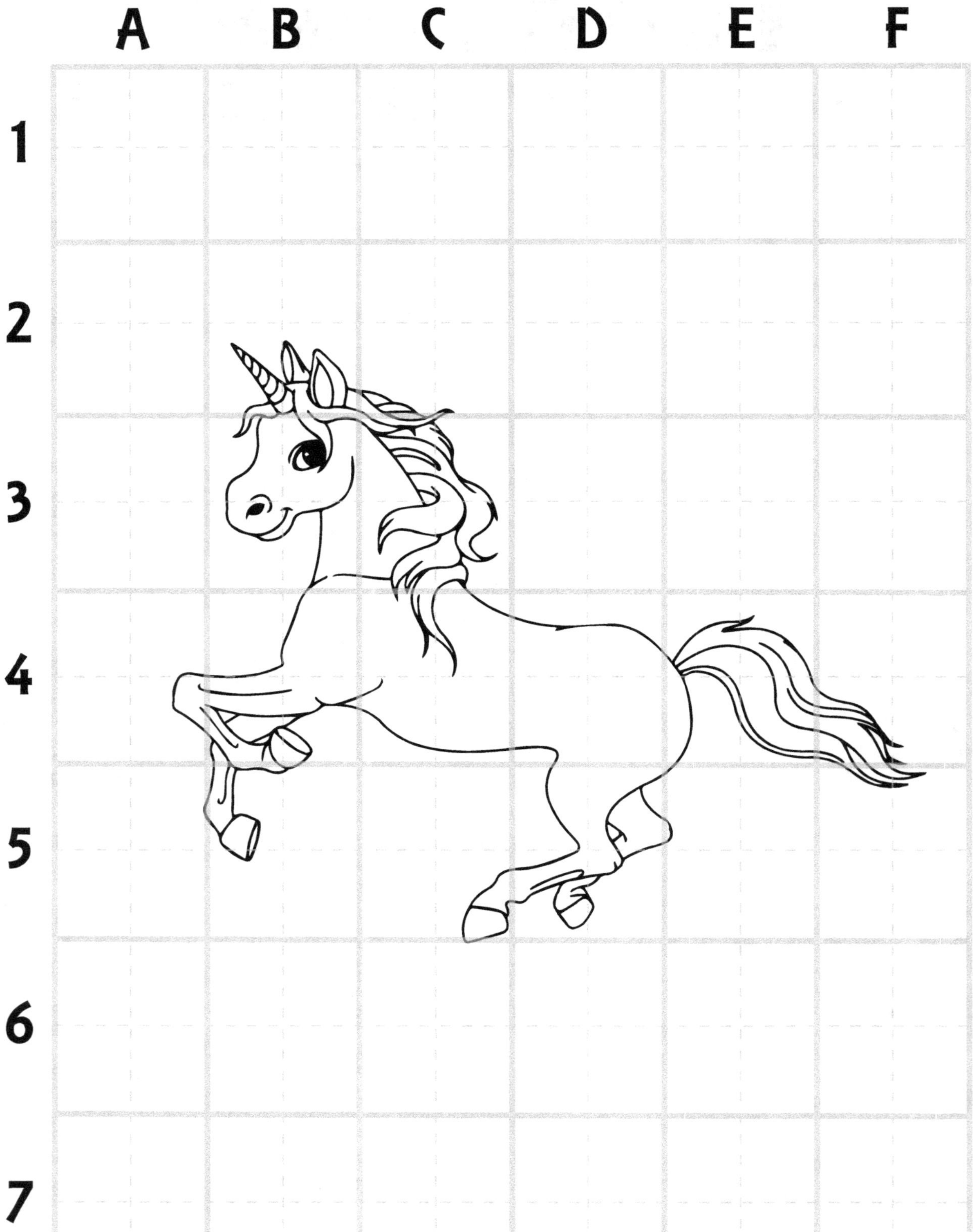
A
B
C
D
E
F
1
2
3
4
5
6
7

YOUR TURN!

	A	B	C	D	E	F
1						
2						
3						
4						
5						
6						
7						

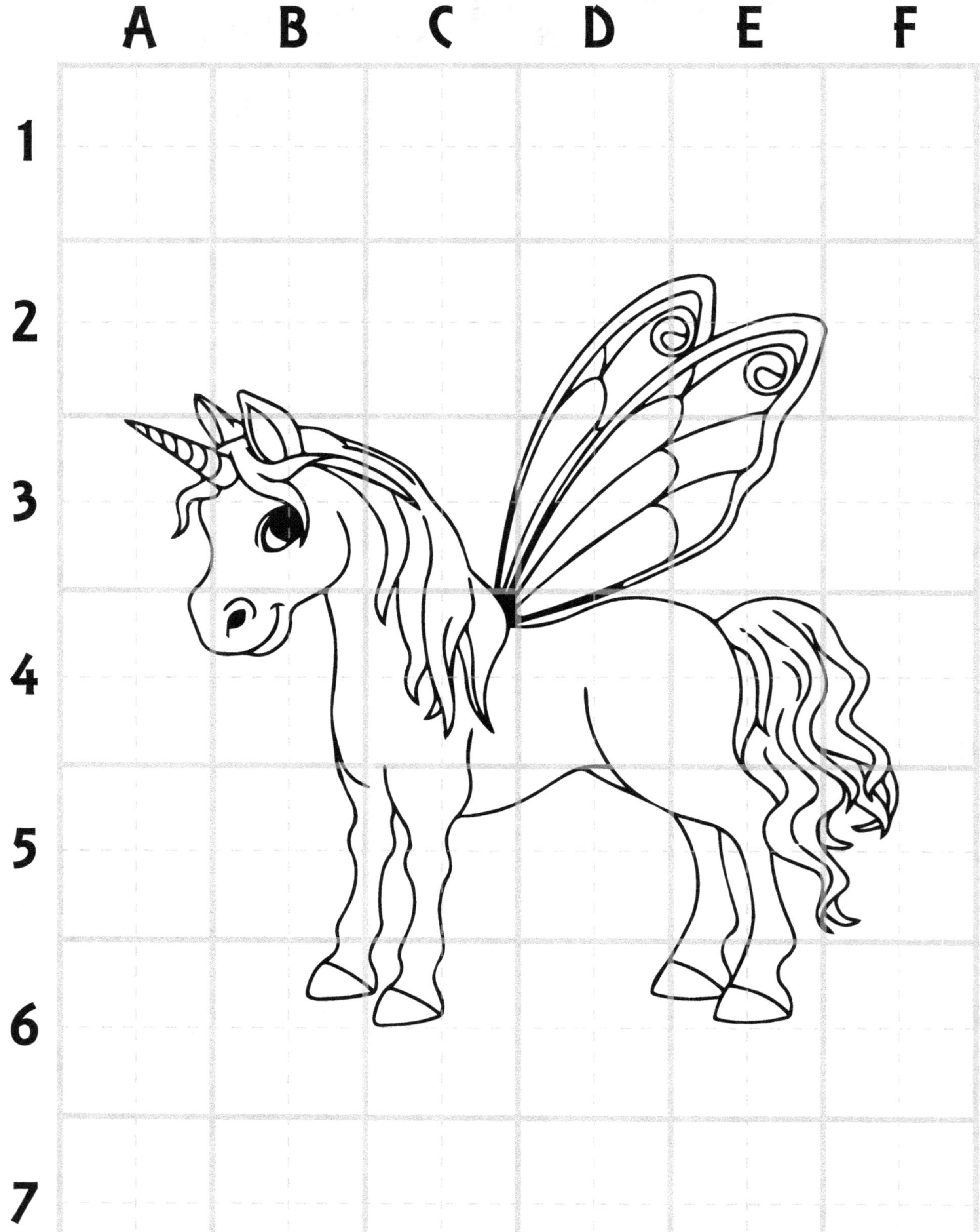
A
B
C
D
E
F
1
2
3
4
5
6
7

YOUR TURN!

	A	B	C	D	E	F
1						
2						
3						
4						
5						
6						
7						

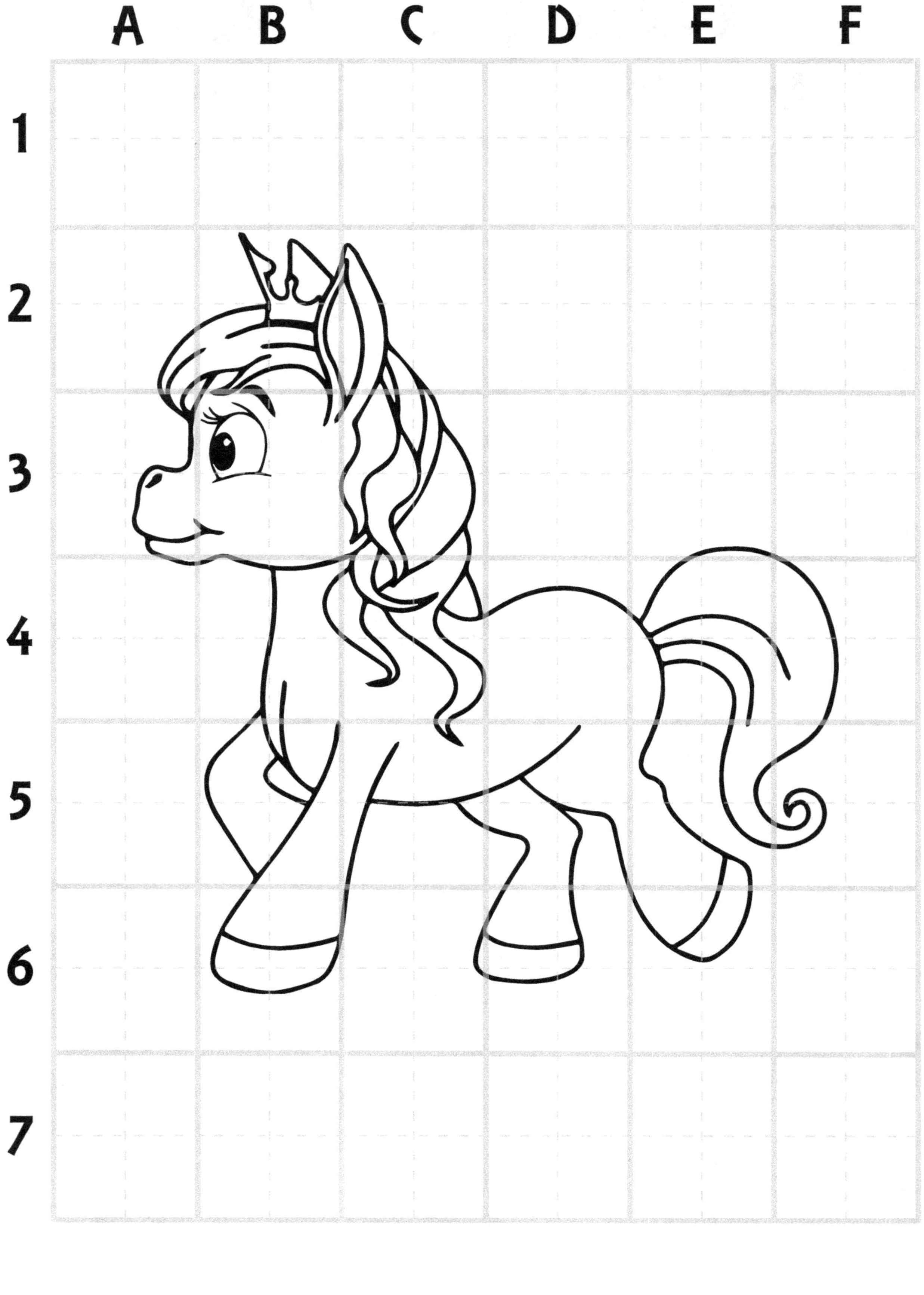
A
B
C
D
E
F
1
2
3
4
5
6
7

YOUR TURN!

	A	B	C	D	E	F
1						
2						
3						
4						
5						
6						
7						

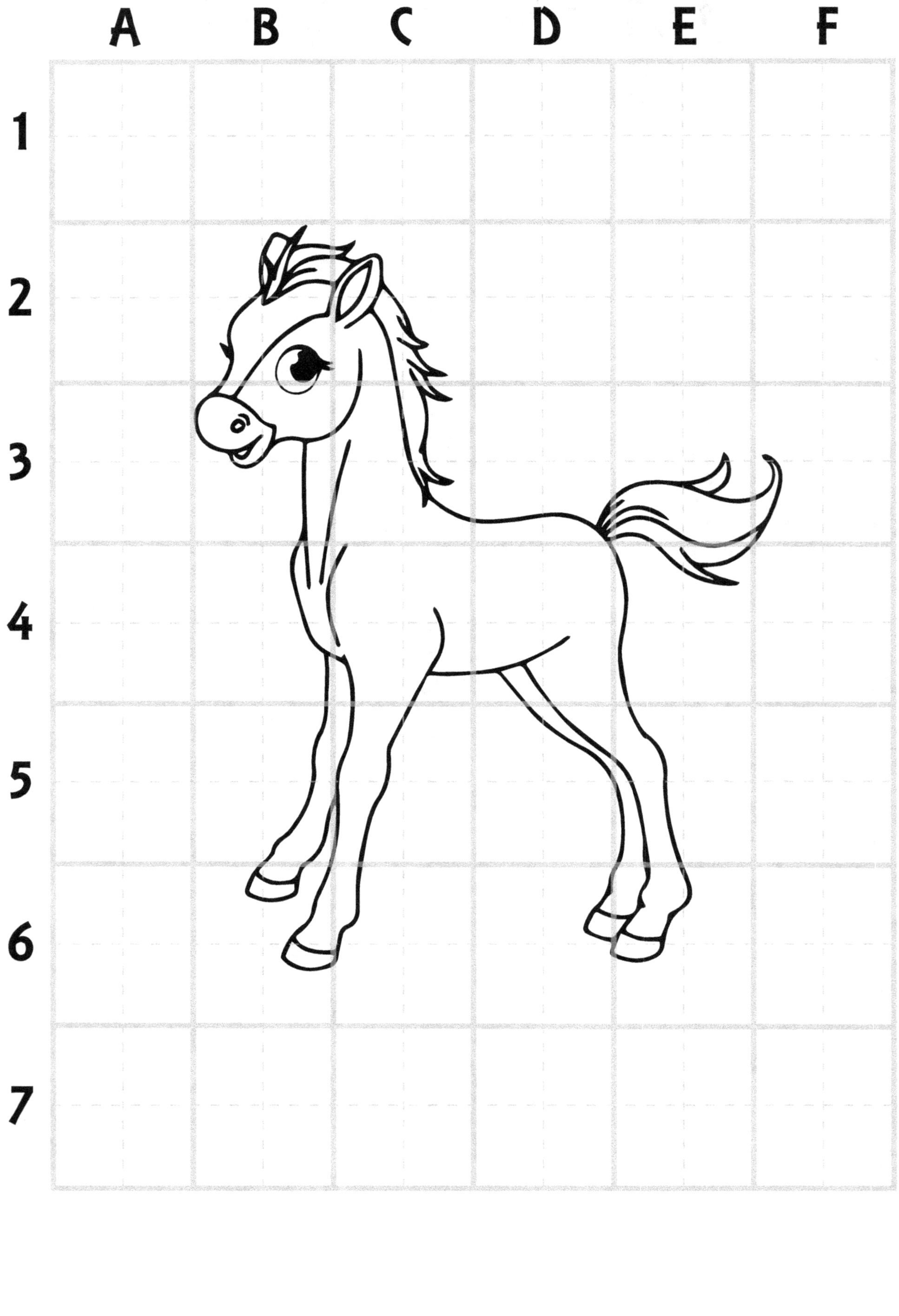
A
B
C
D
E
F
1
2
3
4
5
6
7

YOUR TURN!

	A	B	C	D	E	F
1						
2						
3						
4						
5						
6						
7						

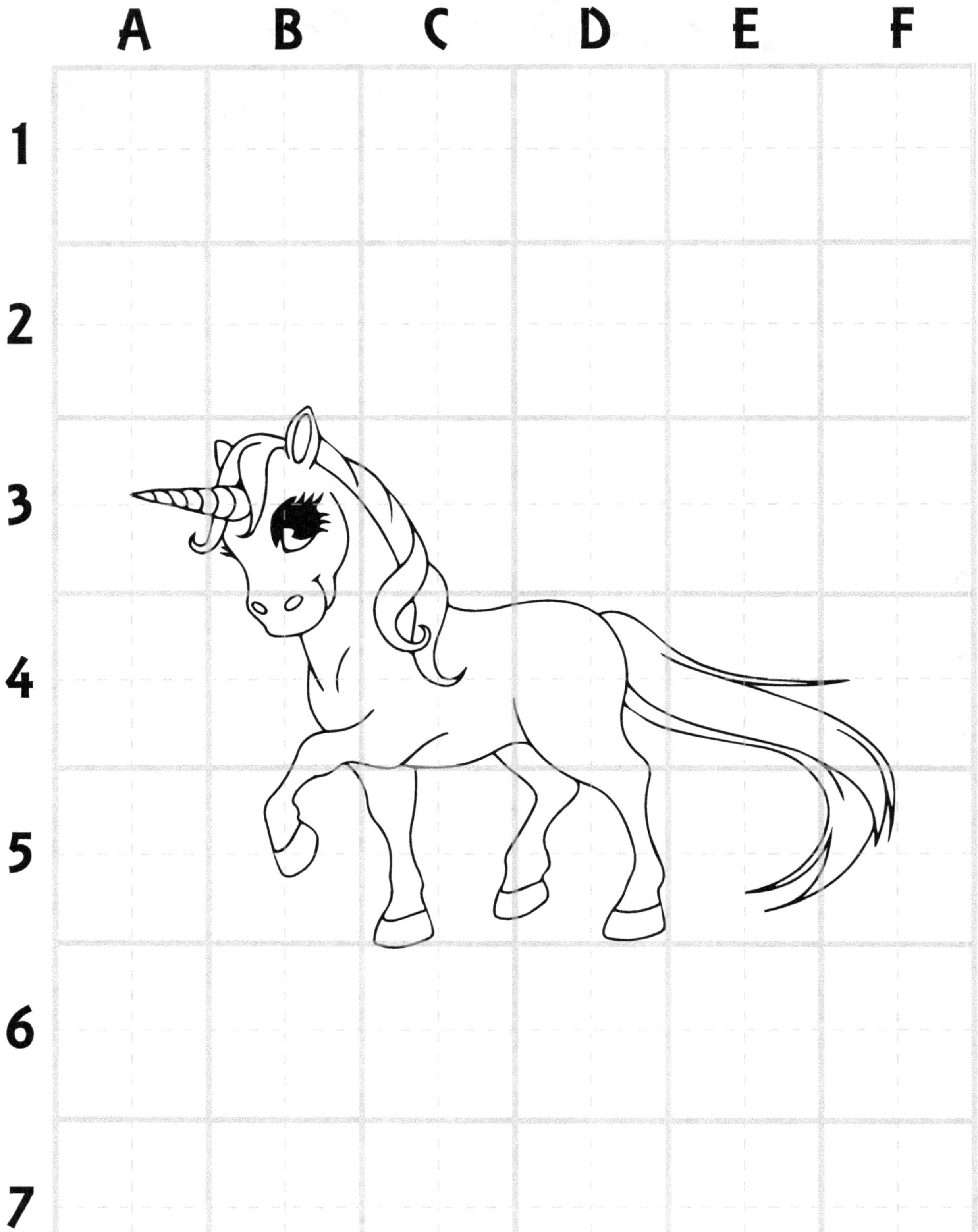
A
B
C
D
E
F
1
2
3
4
5
6
7

YOUR TURN!

	A	B	C	D	E	F
1						
2						
3						
4						
5						
6						
7						

www.ingramcontent.com/pod-product-compliance
Lightning Source LLC
Chambersburg PA
CBHW080904220526
45466CB00011BA/3462
* 9 7 9 8 5 8 7 1 7 6 3 5 5 *